中学卷

研学·中国（陕西）

革命印记

GEMING YINJI

肖云儒　主编　　程　圩　副主编

骆　斌　编著

西北大学出版社

·西安·

图书在版编目（CIP）数据

革命印记．中学卷／骆斌编著．—西安：西北大学出版社，2020.11

（研学·中国／肖云儒主编．陕西）

ISBN 978-7-5604-4567-0

Ⅰ．①革… Ⅱ．①骆… Ⅲ．①革命史—陕西—中学—乡土教材 Ⅳ．①G634.591

中国版本图书馆 CIP 数据核字（2020）第 144604 号

研学·中国（陕西）

主　编　肖云儒　副主编　程　圩

革命印记（中学卷）

编　著　骆　斌

出版发行　西北大学出版社

（西北大学校内　邮编：710069　电话：029-88302621　88303593）

http://nwupress.nwu.edu.cn　E-mail: xdpress@nwu.edu.cn

经　销　全国新华书店

印　装　陕西龙山海天艺术印务有限公司

开　本　787 毫米×960 毫米　1/16

印　张　8

版　次　2020 年 11 月第 1 版

印　次　2020 年 11 月第 1 次印刷

字　数　114 千字

书　号　ISBN 978-7-5604-4567-0

定　价　28.00 元

本版图书如有印装质量问题，请拨打电话 029-88302966 予以调换。

《研学·中国（陕西）》编委会

总策划 万雪峰

主　任 李鹏祥

副主任 靳军红　靳文忍　王桂茹

编　委（按姓氏笔画排序）

马　来　马耀峰　王友福　王文广
代俊民　朱利民　汤志奎　刘培举
张　萍　肖云儒　邵振宇　李成华
李炫华　骆　斌　郭兴文　程　圩

主　编 肖云儒

副主编 程　圩

总　序

学校的宗旨是“传道、授业、解惑”，倡导“学、思、行”结合。进入21世纪，经济合作与发展组织（OECD）率先提出“核心素养”结构模型，欧洲联盟提出“终身学习核心素养”体系，都强调核心素养是个人发展和社会发展的关键。2018年9月，习近平总书记在全国教育大会上的讲话强调：在党的坚强领导下，立足基本国情，遵循教育规律，坚持改革创新，以凝聚人心、完善人格、开发人力、培育人才、造福人民为工作目标，培养德智体美劳全面发展的社会主义建设者和接班人。21世纪，以核心素养为导向的教学改革将推动我国教育事业的改革发展。

我国基础教育阶段学生核心素养的内涵，是基于人的全面发展，体现“促进人的全面发展，适应社会需要”的要求，遵循人的成长规律，提高人的基本素养和能力，涉及知识与技能、过程与方法、情感态度与价值观等内容，促进个体适应社会，终身学习，并全面发展。素养教育可矫正重知识、轻能力、忽略情感态度与价值观的教育缺失。我国长期推行素质教育，而素养教育才刚开始，在实践中还存在着依赖应试教育路径、偏重知识传授、轻视能力培养等问题。素养教育任重道远。

研学旅行有助于贯彻落实党的教育方针，落实立德树人根本任务，实现知行合一，开阔眼界，拓展思维。同时，也可消解基础教育中存在的偏重知识、忽视能力等问题。研学旅行在我国开展的时间虽不长，但效果突出。它经历了

2013—2016 年的试点推进阶段和 2017 年至今的深化提升阶段。

陕西省是全国研学旅行开展较好的省份之一。西安市作为教育部确认的研学旅行首批试点城市之一，在西安市教育局 2014 年颁布的《西安市中小学研学旅行试点工作管理办法（试行）》及市政府办公厅 2016 年颁布的《关于推进中小学研学旅行工作的实施意见》的指导下，总结出了研学旅行西安模式，得到教育部的认可，并在全国加以推广。

开展研学旅行，一是要做好顶层设计，涵盖教育实践读本选择，课程选择，内容设计，基地、营地选择，以及导师配备，等等。二是要做好“五个结合”，即学与行、游与学、观看与体验、有序活动与旅行安全、研学过程与行后作业的结合。三是要做好组织活动单位的选择，重视选择有品质、有信誉的单位。四是要强化具身体验活动，突出学习过程，强调身体、环境和大脑的相互作用，在具身体验中学习知识、获得情感体验。五是重视选择优质的研学产品。六是突出学生的主体地位，挖掘研学基地的价值，找到研学的切入点，抓住学生的兴趣点，激发学生的共鸣点。

目前，我国研学旅行开展得如火如荼，但除基本读物外，高品质的研学旅行知识读本并不多见。《研学·中国（陕西）》分小学卷和中学卷，每卷又分为华夏寻根、丝路探源、革命印记、秦岭文化、科技创新五个主题，各主题独立成册，共两套十册。以习近平新时代中国特色社会主义思想为指导，彰显华夏文明、历史遗产、革命文化、生态文明和科教兴国的特色，力图成为研学旅行精品读物。

本套知识读本的编写，汇集了一批有实力的专家学者，凝聚了一批陕西文化名人的心血。他们对陕西有感情，有研究，编写的内容有高度，有深度，并经多轮研讨修改，使其尽量完善，更加契合陕西教育和研学旅行的特点。希望本套知识读本的出版能够让研学旅行的参与者满意。

陕西师范大学地理科学与旅游学院教授

中国旅游研究院西部旅游发展研究基地首席专家

冯耀峰

2020 年 10 月

前　言

研学旅行是由学校根据区域特色、各年龄段学生的特点和各学科教学内容的实际需要，组织学生通过集体旅行、集中食宿的方式走出校园，在社会实践中拓宽视野、丰富阅历、增长见识，加深学生对自然、社会、文化的认知与体验，有效增强学生的创新意识，提高学生的综合素养，提升学生的实践能力，促进学生健康成长和全面发展的一项活动。

研学旅行起源于春秋末期，孔子带领弟子们踏遍山川都邑，考察政风民情，推行周礼文教。为撰写《春秋》，孔子“西观周室，论史记旧闻”（《史记・十二诸侯年表》），尽量“多闻”“多见”“多识”。西汉司马迁在广泛搜集文献资料的同时，漫游大江南北，着意挖掘流传在民间的生动而丰富的口传资料。他从京城长安出发，经江陵抵达汨罗江畔，“窥九疑，浮于沅、湘”，凭吊屈原；“上会稽，探禹穴”，考察了解虞舜、夏禹的事迹和传说；再沿江北上，走访淮阴父老，搜集有关韩信的传闻；然后“北涉汶、泗，讲业齐、鲁之都，观孔子之遗风”；最后“过梁、楚以归”长安，最终编撰成“史家之绝唱”——《史记》。北魏郦道元长期跋山涉水，往返于长城以南和秦岭—淮河以北的广袤区域，游览诸多河流山川和名胜古迹，所到之处即亲自考察，“访渎搜渠”，写出了《水经注》。诸如孔子、司马迁、郦道元等古代文化名人开创的游学之举，孕育形成了我国“读万卷书，行万里路”的教育理念和人文精神，对后世产生了重要而深远的影响。

新文化运动以后，我国著名教育家陶行知提出了“行是知之始，知是行之成”，向社会学习、向实践学习的教育理念，进而提出解放儿童的头脑、双手、眼睛、嘴、空间和时间，以培养儿童的创造力。这已成为我国现当代教育的一大原则。

2013年，国务院在《国民旅游休闲纲要（2013—2020年）》中第一次提出“逐步推行中小学生研学旅行”。2014年，国务院在《关于促进旅游业改革发展的若干意见》中明确提出，将研学旅行纳入中小学生日常教育范畴。2016年，教育部等十一部门联合印发《关于推进中小学生研学旅行的意见》，明确提出将研学旅行纳入中小学教育教学计划和德育框架。近年来，在试点工作取得成果的基础上，逐步形成了国家重视支持、行业指导有力、社会积极参与、学校主动组织、学生积极参加的良好局面。

为进一步深入挖掘研学实践课程资源，推动研学实践教育走上高速发展的快车道，我们萌发了编写一套既切合研学实际又具有陕西地域特色的研学实践教育读本的想法，从宏观与微观层面为中小学研学实践教育提供内容、信息和建议。

在编写过程中，我们始终坚持以下四个原则：

第一，在指导思想上，坚持以习近平新时代中国特色社会主义思想为指导，遵循“身教最为美，知行不可分”的教育理念，贯彻知与行、学与用、美与善、物质与精神相融合的思想观念，培养学生的社会责任感、创新精神、实践能力和人文素养。

第二，在编写思路上，秉承“寓教于乐、寓教于行、寓教于思”的研学理念，严格落实小学阶段以乡土乡情为主、初中阶段以县情市情为主、高中阶段以省情国情为主的研学实践教育活动要求。

第三，在内容选取上，结合中小学生的认知能力与水平，紧扣陕西的文化内涵与地域特色，围绕华夏寻根、丝路探源、革命印记、秦岭文化、科技创新五大文化主题，形成系列读本，深化学生的知识点，拓宽学生的知识面，提升学生的认知力，强化学生的体验感。

第四，在写作要求上，力求把握三个关键，即丰富知识点、突出体验感、激发探究欲；力争做到三个相融，即点面相融、雅俗相融、动静相融；期望实现三个目标，即成为研学实践的活教材、成为大众旅游的好帮手、成为文化传播的助力器；力戒编写成景点介绍书、一般教科书或专业学术书，努力将一套务实、对路、好用的研学实践教育“活教材”呈现在读者面前。

在具体编写方面，我们重点突出以下三个方向：

一是文化主题系统化。读本的内容设计紧扣五大文化主题，同时与中小学各学科教材紧密结合，在整合、彰显陕西人文与科技资源的基础上，结合研学实践教育特色进行课程化、体系化的梳理，突显陕西特色。

二是难易程度差异化。在读本的内容设计上，依据小学、中学不同学段学生的身心发展特点和认知能力，坚持“小学讲故事，中学讲道理”的差异化编写原则，有针对性地进行知识点的难易区分和语言风格的整体变化。

三是内容形式多样化。在构建主题研学实践教育读本知识体系的过程中，以陕西地域文化为载体，采用讲故事的叙事方式，配以丰富的图片，力求做到图文并茂，并穿插知识链接和探究思考等模块，激励学生在读本的引导下，建立起学习与生活的有机联系，强化研学旅行实践教育体验。

按照以上整体构想和编写要求，经过精心打磨，这套《研学·中国（陕西）》知识读本终于与广大读者见面了。希望它能够为中小学生和家长朋友们及广大旅游爱好者所喜爱，同时也衷心期望得到社会各界的热诚指正。

最后，我想强调说明一点：本套读本是按照全国中小学生研学实践教育西安营地的编写思路进行整体策划构建的，是对陕西各个研学实践教育基地的教育资源的整合，并得到了部分西安市中小学生研学实践教育示范校的认可。此外，本套读本的出版得到了西北大学出版社的鼎力支持，在此表示衷心的感谢！

肖云儒

2020 年 10 月

微信扫码，您将获得
以下读者服务：

★ 电子书阅读
★ 革命故事音频
★ 本书话题交流群
★ 革命故事拓展阅读资料

目　录

CONTENTS

导 读

2020年4月23日，习近平总书记来陕西视察时指出：“延安精神培育了一代代中国共产党人，是我们党的宝贵精神财富。要坚持不懈用延安精神教育广大党员、干部，用以滋养初心、淬炼灵魂，从中汲取信仰的力量、查找党性的差距、校准前进的方向。”

为了深入贯彻习近平总书记关于红色教育系列讲话精神，切实落实习总书记给陕西照金北梁红军小学回信精神和习总书记来陕考察重要讲话精神，就必须把对学生的红色教育落到实处，使红色基因一代代传下去。因此，广大中学生有必要深入了解中国共产党的光荣历史和峥嵘岁月。本书的编写旨在让广大中学生系统了解从陕北的黄土高原，到关中的八百里秦川，再到陕南的秦巴山区所发生的近现代史上一幕幕波澜壮阔的革命事件。陕西这块红色的土地上孕育了一批批仁人志士，以井勿幕、钱鼎、于右任为代表的一批革命党人为了推翻帝制、实现共和，进行战斗；以刘志丹、谢子长、习仲勋为代表的一大批共产党人为了解放劳苦大众，前仆后继，建立了陕甘革命根据地，用血肉书写了一部部不屈不挠、拼搏奋进、可歌可泣的英雄战斗史。

中共中央率领红军经过二万五千里长征，落脚陕北。经过13年艰苦卓绝的奋斗，将陕北延安发展成为革命圣地。面对民族危亡，中共中央确立了建立抗日民族统一战线的策略，在周恩来等中国共产党代表的调停下，张学良、杨虎城两位将军发动的西安事变得以和平解决，为第二次国共合作打下了坚实基础。经过共产党人的艰辛努力，1937年9月，蒋介石承认了共产党的合法地位，标志着全国抗日民族统一战线正式形成。从此，延安成了全民族抗战的政治指挥中心。

在中共中央领导下，建立了陕甘宁边区政府。创办了一批红色学校，培养了大批革命人才；开展了整风运动，加强了全党在毛泽东思想基础上的团结统一；进行了大生产运动，打破了国民党顽固派的军事包围和经济封锁，改善了人民生活，保障了供给；树立起八路军三五九旅大生产运动的一面旗帜，涌现出任弼时纺线第一名、周恩来纺线能手，王震、王维舟、王世泰、习仲勋等一批领导经济工作的模范。由三五九旅开始的屯垦自救乃至整个边区的大生产运动，帮助根据地克服了严重的物资困难，粉碎了国民党顽固派的经济封锁。

在延安文艺座谈会精神的指导下，文艺工作者创作出《黄河大合唱》《兄妹开荒》等文艺作品，激励着广大人民团结奋斗，战胜困难，取得抗战的最后胜利。

毛泽东在延安窑洞内写出《实践论》《矛盾论》《中国革命战争的战略问题》《抗日游击战争的战略问题》《论持久战》《在延安文艺座谈会上的讲话》《为人民服务》《新民主主义论》《论联合政府》等重要著作，对中国人民夺取抗日战争伟大胜利起到了重要的领导作用。从吴起镇到瓦窑堡，从保安到杨家岭、枣园，从杨家沟到川口，中共中央在这片黄土地上留下了一个又一个辉煌的足迹。

解放战争时期，国民党军胡宗南及马鸿逵、马步芳等部25万余人，对陕甘宁边区实施重点进攻。在中央军委、毛泽东、周恩来的直接领导下，在彭德怀、习仲勋指挥下，西北野战兵团依靠陕北优越的群众条件和有利地形，与比自己多达十倍的国民党军队在陕北高原周旋，选择有利时机和地形歼敌，连续进行了青化砭、羊马河、蟠龙歼灭战，歼灭胡宗南部大量有生力量，奠定了粉碎国民党军对陕北解放区重点进攻的基础。

西北野战军在取得沙家店战役、宜瓦战役的胜利之后，改变了西北的形势，并影响了整个中原的形势。西北野战军乘胜追击，接连取得了西府战役、澄合战役、荔北战役、陕中战役等一连串战役的胜利。1949 年 5 月，解放西安后，中国人民解放军第一野战军又发动扶眉战役，至此，陕西关中地区的国统区全部解放，为解放大西北，进军西南奠定了坚实的基础。

在中国共产党领导的伟大革命斗争实践中形成了毛泽东思想。在毛泽东思想指导下，中国人民推翻了帝国主义、封建主义、官僚资本主义三座大山，建立了中华人民共和国。

毛泽东等老一辈无产阶级革命家，在延安倡导并培育了延安精神，并依靠延安精神战胜了各种艰难险阻，取得了一个又一个伟大胜利，延安精神成为中国共产党执政的力量源泉和传家宝。

民国风云

□ 西安起义

·讲　述

西安起义浮雕

20世纪初，中华民族危机加剧，清政府的腐败统治已经风雨飘摇。一场轰轰烈烈的革命呼之欲出。

1911年10月10日的武昌起义，打响了革命党人推翻清政府统治的第一枪，也因此被人们看作是辛亥革命爆发的标志性事件。西安作为西北重镇，是第一个响应武昌起义的城市，在全国辛亥革命运动中占有重要的地位。

“不用掐，不用算，宣统不过二年半。”“宣统二年半，到处驻防烂。”此类民谚童谣在民间广为流传，遍布西安坊间。为此，清政府异常惊惶，一边四处调兵增强西安城内满城的军力，一边抓紧加固防御工事。

陕西同盟会在井勿幕、宋元恺、钱鼎、张钫等人领导下，相继在公益书局、健本学堂、存心堂纸铺、公正和纸店等处，分别建立了秘密革命据点，并通过各种方式在新军和渭北的刀客、会党中进行活动。同盟会、哥老会和新军、刀客等势力的联合战线迅速形成，购买军火，试制炸弹，加紧进行起义的准备工作。

1911年10月22日，受武昌起义的鼓舞，陕西同盟会、新军、会党、刀客首领30多人，聚集于西安城南的林家坟，推举张凤翙为秦陇复汉军总指挥，决定武装起义。

武昌起义（布景）

10月23日清晨，起义军高举秦陇复汉军的旗帜，在张凤翙的指挥下进攻满城。起初，清政府西安将军文瑞等人还负隅顽抗，后因形势不济，文瑞多次派人持函与革命军讲和，均遭拒绝。血战一日，满城告破。文瑞见满城告破，自知性命难保，便投井自杀。

10月27日，陕西秦陇复汉军政府正式成立，张凤翙为大统领，钱鼎和万炳南为副统领，随即建立各级军事组织，接着又充实、健全政务组织。陕西同盟会其他领导人分别在军事组织中兼任一定职务。

西安起义成功后，刀客骨干合影

陕西陆军中学堂人员合影

11 月 22 日，代行中央政府职权的湖北军政府令改大统领为都督，并颁发“中华民国军分政府秦省都督印”，陕西秦陇复汉军政府改称中华民国秦军政分府，大都督为张凤翙。随后，军政府一方面对付清军的进攻，配合各州县的起义，大力进行军事行动，光复全省；一方面迅速在政治、经济上采取措施，巩固新生政权。

陕西辛亥革命成功后，以张凤翙为首的军政当局鉴于西北人才缺乏，积极主张兴办教育，先后创办了小学、中学和大学等完整的现代教育体系，为国家和地方培养了许多栋梁之才。

西北大学校门

西安是全国第一个响应武昌起义的城市，陕西成为北方诸省中第一个光复的省份。陕西的辛亥革命在一定程度上支持了湖北等地，加速了腐败清政府的灭亡。

知识链接

课程链接

部编版《中国历史（八年级）》上册《辛亥革命》

人教版高中《历史（必修 1）》中的《辛亥革命》

课外拓展

观看纪录片《辛亥革命》，阅读图书《辛亥革命》（王朝柱编著）。

事件回放

革命前夜

1911 年 10 月 10 日，武昌起义爆发，举国为之震动，各地纷纷效法，从而揭开了孙中山领导的辛亥革命的序幕。10 月 22 日，陕西革命党人在北方率先响应，很快光复了西安和大部分州县，革命烈焰波及河南、甘肃、山西，影响了青海、宁夏、新疆等地，拉开了北方各省起义的序幕，奠定了陕西在辛亥革命运动中十分重要而独特的地位。

陕西革命酝酿已久，有着深厚的群众基础。资产阶级革命党人很早就在这里开展活动。1905 年 8 月中国同盟会成立时，就有井勿幕等 10 多名陕西学生加入。同年底，井勿幕奉孙中山之命回陕开展工作，历时不足一年，便在陕西发展同盟会会员 30 余人，创建了同盟会陕西支部，奠定了同盟会在陕西的基础。从此，陕西的进步力量有了统一的组织。

1908 年冬，井勿幕等人在西安成立了陕西同盟会，将革命工作的重点移向了国内，在陕西建立了许多秘密革命据点，如西安的公益书局、健本学堂、武学社等，渭北三原的勤公社，耀州的庙湾牧场，泾阳的柏氏花园，以及宜君的马栏山铁矿，等等。

陕西的反清革命运动并不孤立，它得到了孙中山和同盟会总会的领导与支持，也得到了其他省份革命党人或革命团体的支持和帮助。1910 年 4 月至 5 月间，井勿幕从上海回到西安，根据东南各省革命党人主张在清政府防备薄弱的内地发动起义的意见，准备在西北发动起义。井勿幕将这一重要建议在陕西泾阳柏氏花园同盟会会议上传达给陕西同盟会会员，并在会议上明确了联络陕西新军、哥老会、刀客等武装力量，筹备枪弹，布署下适时发动起义的任务，为起义做了思想、组织、物资和武装力量的准备。1910 年，陕西同盟会势力不断壮大，并与哥老会和新军建立了紧密联系。1910 年 7 月 9 日，同盟会、哥老会首领井勿幕、钱鼎、张钫、党自新、胡景翼、万炳南、张云山、马玉贵等 30 多人，在西安大雁塔秘密集会，歃血为盟，成立陕西反清统一组织“三合会”（同盟会、哥老会、新军），史称“三十六兄弟会盟”，使陕西同盟会、哥老会和新军三方面力量的联合更为密切，为陕西辛亥革命的成功奠定了武装基础。

1911 年夏发生的四川保路运动给陕西革命党人以极大鼓舞，他们摩拳擦掌，预备起事。同盟会本打算于 10 月 29 日举义，但因官府有所觉察，便决定提前行动，于是 10 月 22 日发动了西安起义。

名物疏解

同盟会

1905 年 8 月，孙中山联合兴中会、华兴会、光复会等革命团体的成员，在日本东京成立了中国同盟会。在成立大会上，确定了“驱除鞑虏，恢复中华，创立民国，平均地权”的政治纲领，选举孙中山为同盟会总理，建立领导机构。大会决定创办《民报》，作为同盟会的机关报。孙中山在《民报》的发刊词中，将同盟会的政治纲领阐发为“民族”“民权”“民生”三大主义，合称“三民主义”。三民主义成为孙中山领导资产阶级革命的指导思想。中国同盟会是第一个全国规模的、统一的资产阶级革命政党。它的成立使全国资产阶级革命派有了一个统一的领导和明确的奋斗目标，大大推动了全国革命运动的发展。

满　城

满城位于今西安市新城区新城广场一带，在清代是专供满族人居住的地方。满城东起东门以北的城墙，西至北大街，南起东大街，北至北门以东的城墙。它是在明秦王府外城萧墙的基础上扩建而成的，整个面积大约占了西安城的四分之一还多。城内驻扎着八旗官兵，以及清政府官员及其家眷，所以满城又被称为八旗驻防城。这里人数最多的时候达到 2 万余人。1912 年，陕西都督府下令拆除了满城西、南两面城墙。这座历时 260 多年的西安城中城从此消失。

人物档案

张凤翙

张凤翙（1881 年 2 月 5 日—1958 年 7 月 29 日），字翔初，陕西西安人，祖籍为河南沁阳，中华民国时期著名政治家。西安起义时任秦陇复汉军总指挥，起义成功后，历任秦陇复汉军大统领、中华民国秦军政分府大都督、陕西都督。尽管张凤翙督陕的时间不长，但仍然为陕西留下了一些永久性的纪念。他主持拆除了西安满城的西、南城墙，修建了北大街和东大街，更新了西安市容；他参与组建了国内著名的秦腔剧团——易俗社，推动了陕西文化事业的发展；他主张创办了西北最早的高等学府——西北大学。张凤翙不仅是辛亥革命的功臣、陕西民国历史的开启者，也是陕西近代化的开启人。

张凤翙

井勿幕

井勿幕

井勿幕（1888 年 2 月 12 日—1918 年 11 月 21 日），原名井泉，字文渊，祖籍为陕西蒲城县（今属铜川市印台区）广阳镇井家塬村。陕西辛亥革命的先驱和杰出领导人之一，被孙中山先生誉为“西北革命巨柱”。

钱　鼎

钱鼎

钱鼎（1884 年—1911 年 11 月 1 日），陕西白河县人。辛亥革命先驱，陕西辛亥革命中最主要的领导人之一。西安起义时，能从大局出发，推举张凤翙为秦陇复汉军大统领，他则被大众公举为起义军副统领。

于右任

于右任

于右任（1879 年 4 月 11 日—1964 年 11 月 10 日），原名伯循，晚年自号“太平老人”，陕西三原人。中国近现代政治家、教育家、书法家，早期同盟会成员，长期担任国民政府高级官员。他是复旦大学、上海大学、西北农林科技大学的创建者。他还创办了《神州日报》《民立报》等进步报纸。1926 年，与冯玉祥成立国民军联军，支援李虎臣、杨虎城，解了西安之围。1932 年，发起成立草书研究社，创办《草书月刊》。

基地链接

勿幕门

勿幕门是西安城墙的一座城门，又名小南门，位于南城墙含光门与朱雀门之间。陕西军民为纪念井勿幕的不朽功勋，将井勿幕在西安居住过的四府街更名为井上将街，并在街南端城墙上凿开一门，名“勿幕门”。

西安勿幕门

于右任纪念馆

于右任纪念馆位于陕西三原县城，纪念馆主楼为仿古建筑，占地 2700 平方米，黄瓦灰墙，飞檐垂柱。庭院内矗立着于右任全身塑像，长袍拄杖，神情凝重慈祥。纪念馆内有“于右任生平事迹展”“于右任书法作品展”和“全国名流书法展”三个陈列室以及碑亭、碑廊，是学习书法、弘扬爱国主义思想的

于右任纪念馆

最佳场所。展厅以丰富翔实的照片、手札、实物资料，分 15 个部分展现了于右任先生一生的爱国活动。

探究思考

1. 辛亥革命主要反对的是什么？革命党人想建立一个什么样的国家？

2. 调查一下，在辛亥革命时期你的家乡都发生了哪些革命事件。

□“二虎”守长安

·讲 述

孙中山领导的辛亥革命最终以向旧势力妥协告终。帝国主义在中国的势力并没有受到削弱，革命果实落到了以袁世凯为首的北洋军阀手里。中国半殖民地半封建社会的性质依然没有改变，因此全中国人民的反帝反封建斗争仍要继续。

1926 年 1 月，国民党召开第二次全国代表大会，确定了进行北伐战争，打倒北洋军阀，将革命推向全国的战略方针。

李虎臣（左）、杨虎城（右）雕像

1926 年 4 月，北洋军阀吴佩孚为了遏制北伐的进程，任命豫西镇嵩军首领、曾统治陕西 8 年的刘镇华率镇嵩军 8 个师西寇潼关，准备攻占西安，夺取关中。4 月中旬，镇嵩军占领陕西东部各县后，抵近西安。

当时，陕西境内的军队中，以杨虎城所部国民军第三军第三师建制最为完整，最具战斗力，与共产党人魏野畴领导的陕西进步组织有良好的合作关系。其他陕军均属李虎臣所属的国民军第二军，其精锐部队已在河南被打垮打散，留在关中的几乎都是留守部队，番号复杂，力量分散。当时，西安城内守军只有李虎臣所部国民军第二军第十师的一部分和陕西陆军第四师卫定一部的两个团，兵力不足 5000 人，守城相当困难。李虎臣见势表示："杨虎城来，我守；杨虎城不来，我走。"杨虎城遂率领三个旅 5000 余人从三原出发，进驻西安。杨虎城提议，守军 1 万余人一律取消原有番号，改称"陕军"，推举李虎臣为总司令，杨虎城、卫定一为副司令，并通电全国："坚守长安，誓歼嵩匪，完成国民革命。"

攻城的镇嵩军多达 7 万人，且有吴佩孚、阎锡山给予的大量补给和支援，双方兵力悬殊。守城期间，前线指挥部设置在广仁寺，李虎臣、杨虎城二人一直驻守指挥部，并多次参与作战，保持了军队士气。在得知敌人要挖地洞、炸毁城墙的情报后，李虎臣、杨虎城立即派人深挖堑壕，粉碎了镇嵩军的阴谋。当杨虎城发现守军口令被敌盗去，敌军准备从城东北方向大举夜袭时，"二虎"急商后更改了口令，并亲率部队到城东北增援。当杨虎城得知敌人诱降他所部的底层军官后，假意让其答应，并设计伏击，击毙镇嵩军 500 余人。

杨虎城与军民公祭围城时死难的军民

镇嵩军猛攻失败后，刘镇华四面合围西安城，企图以久困的办法使西安不攻自破。李虎臣、杨虎城严令部队不准与民争食，并采取计口授粮、救济难民等措施，克服生活困难。李虎臣将自己心爱的坐骑“黑老虎”杀掉分飨士卒，并处决了一名违反军令的上尉副官。为克服弹药不足的困难，“二虎”号召士兵使用砖、石、弓箭、刺刀。对于刘镇华的“议和”，“二虎”严词拒绝，并下令镇压投降活动。

8 月 7 日，渭北陕军公推姚振乾为援省总指挥，解西安之围。10 月，为了打破封锁，“二虎”组织小雁塔突围战，但因兵力不足，被迫退回。在西安军民生死存亡的危急关头，于右任受李大钊之请，赴莫斯科敦请冯玉祥回国参加北伐，解救被刘镇华围困的西安城。不久，冯玉祥指挥国民军联军进抵陕西，联络“二虎”，制定了内外夹击攻敌之策。11 月 27 日夜，李虎臣、杨虎城发起大雁塔突围战。由于事前得到镇嵩军口令，出城部队顺利突破封锁线，与冯玉祥部会合。11 月 28 日晨，西安解围。

历时 8 个月的西安反围城斗争，终以“二虎”的胜利告终。“二虎”守长安之时，正值国共合作的北伐战争进行之际，也得到了共产党人魏野畴等的帮助。它的意义在于拖住了 10 万之众的北洋军阀——镇嵩军部队，使吴佩孚无法从西北取得增援，也使吴佩孚在武汉溃败后企图据守洛阳的梦想归于破灭，从而在战略上策应了北伐战争。

· 知识链接

课程链接

人教版《语文（七年级）》下册《艰难的国运和雄健的国民》

部编版《中国历史（八年级）》上册《北伐战争》

课外拓展

观看纪录片《北伐战争》。

事件回放

红色西安

大革命时期闻名全国的西安红城位于今西安市新城广场一带，原为清代满城。为纪念西安反围城斗争的胜利，国民军联军驻陕总司令于右任将满城改名为红城，这是仿照莫斯科“红场”的名称而深思熟虑的杰作。一个“红”字，向世人传达了一个简约鲜明的政治信号。当年，西安红城热闹非凡，陕西民众汇聚于此，演绎着轰轰烈烈的大革命的活剧。

在 1927 年春天的短短数月间，陕西的革命运动发展迅速，一跃成为全国革命运动最发达的省份之一，其声势和规模在全国都是屈指可数的。而大规模的群众运动，几乎都和红城密切关联。凡是群众性重大政治活动，大都在红城广场举行，西安红城一时间名扬全国，被当时的舆论报道评价为“红色西安，红极一时”，可与当时的全国革命中心武汉相媲美，曾有“南有武昌，北有长安”的赞誉。

名物疏解

北伐战争

北伐战争是指在国共第一次合作期间，以国民革命军为主力，以蒋介石为总司令，由国民政府于 1926 年至 1928 年间发动的一场打倒列强、打倒军阀的统一战争。1926 年 7 月 9 日，国民革命军从广东出发，在连克长沙、武汉、南京、上海等地之后，由于国民政府内部因汪精卫和蒋介石对中国共产党的不同态度而一度分裂，北伐陷于停顿。1927 年 9 月，南京国民政府同武汉国民政府合并，史称“宁汉合流”。此后，国民革命军继续北伐，在冯玉祥和阎锡山的加入下，于 1928 年攻克北京，致使北洋奉系军阀张作霖在撤往东北途中被日军刺杀于皇姑屯。其子张学良宣布东北易帜，使中国实现了形式上的统一，北伐宣告结束。

人物档案

冯玉祥

冯玉祥

冯玉祥（1882 年 11 月 6 日—1948 年 9 月 1 日），原名基善，字焕章，直隶青县（今属河北沧州市）人，祖籍安徽巢县（今安徽巢湖市）。中国国民革命军陆军一级上将、爱国将领。辛亥革命爆发后，参加滦州起义。1926 年解西安之围，率领所部出潼关参加北伐战争。1935 年任国民政府军事委员会副委员长。1948 年 1 月 1 日，当选民革常务委员和政治委员会主席。1948 年 9 月 1 日，在回国准备参加新政协会议筹备工作途中，因轮船失火而遇难。周恩来评价其为“始终献身于民族国家事业，奋斗不懈”。

杨虎城

杨虎城

杨虎城（1893 年 11 月 26 日—1949 年 9 月 6 日），陕西蒲城县孙镇甘北村人。著名爱国将领。早年入哥老会、刀客等民间武装组织。1923 年，杨虎城与共产党来往。国共合作建立后，他加入中国国民党。1926 年，杨虎城与李虎臣、卫定一齐心协力，坚守西安，最终将刘镇华的镇嵩军赶出陕境。1930 年 11 月，国民政府委派杨虎城为陕西省政府主席，他励精图治，邀请著名水利专家李仪祉任省政府委员兼建设厅厅长，陕西的水利事业如火如荼地展开了。1936 年 12 月，联合张学良发动西安事变。事变和平解决后，被迫“出洋考察”，归国后被蒋介石抓捕囚禁 12 年。1949 年 9 月 6 日，蒋介石指使特务将杨虎城杀害于重庆歌乐山。中华人民共和国成立后，陕西省人民政府将杨虎城及诸烈士遗骨迎葬于长安韦曲少陵原畔。

李虎臣

李虎臣

李虎臣（1889 年—1954 年），原名秉信，字实生，后改名云龙，字虎臣，陕西临潼县（今西安市临潼区）人。早年为刀客，1911 年参加了西安起义。1926 年与杨虎城一起创造了“二虎守长安”的军事传奇。1946 年 5 月，晋升为国民革命军陆军中将，授胜利勋章。陕西解放前夕，促成临潼县和平解放。

魏野畴

魏野畴

魏野畴（1898 年—1928 年 4 月 10 日），原名凤标，号明轩，陕西兴平人。中国共产党陕西早期党员和领导人之一。1919 年参加五四运动。1923 年初，经李大钊、刘天章介绍加入中国共产党。1923 年春，在榆林中学任教，引导刘志丹等一大批进步青年走上革命道路。当时，在榆林的杨虎城与他过从甚密，深受他的影响。1926 年，魏野畴协助李虎臣、杨虎城创造了“二虎守长安”的佳话。大革命失败后，他担任皖北起义的总指挥，在起义突围中，不幸被俘，英勇就义。

基地链接

西安革命公园

西安革命公园位于陕西省西安市西五路东段北侧。1927 年 2 月，冯玉祥

冯玉祥题写“革命公园”

率众公祭西安围城期间死难的军民，并决定负土筑冢，建立革命亭和烈士祠，供市民凭吊纪念。1928 年，冯玉祥题写“革命公园”，革命公园遂建立。革命亭为八角飞檐攒尖三滴水仿古建筑，楹联上有当年杨虎城将军题写的对联：“生也千古，死也千古；功满三秦，怨满三秦。”古亭无言，却在默默诉说着那段可歌可泣的历史，成为纪念民国时期陕西革命的重要场所。

西安白鹿原影视城

西安白鹿原影视城位于西安市蓝田县白鹿原，是陕西省教育厅推荐的中小学生研学实践教育基地。其实景剧《二虎守长安》是对当年历史的成功再现，剧中设计有观众参与演出的环节，能让中小学生及其他观众有身临其境之感，极具教育意义。

《二虎守长安》剧照（组照）

探究思考

1. 你知道在中国近代的北伐战争中有哪些代表人物吗？他们做了哪些事情？对中国新民主主义革命起到了怎样的作用？

2. 参观革命公园，谈谈你所理解的革命精神。

西北烽火

微信扫码，领取
本书电子书

□ 为革命办学

·讲　述

1919 年 5 月 4 日，五四运动爆发。这是一场伟大的爱国运动、社会革命运动、思想启蒙运动，孕育了爱国、进步、民主、科学的五四精神，拉开了中国新民主主义革命的序幕，促进了马克思主义在中国的传播，推动了中国共产党的建立，在近代以来中华民族追求民族独立和发展进步的历史进程中具有里程碑的意义。

在武汉参加了五四运动的陕籍学生王尚德成了陕西早期的马克思主义传播者。他为了共产主义事业，变卖家产，奋斗不息，直至牺牲。

1922 年，王尚德从私立武昌中华大学毕业，受党组织委派回到家乡，在渭南赤水镇一个破烂寺院着手创办了私立赤水初等职业学校（简称“赤职”）。由于经费来源极度困难，他瞒着父亲把家里财物拿去支援学校建设，并带领师生动手为学校修筑房舍。学校有时没炊事员，他就为工匠们烧水做饭。有人问他为什么不把赤职办成公立学校，这样就不用为经费发愁了。但是王尚德觉得，如果办成公立学校，经费由

赤水职业中学（原私立赤水初等职业学校）

官府拨付，就失去了教职员的任用权；而办成私立学校，就可以有选择地聘用进步人士来校工作。他认为办学校是自己的革命职责。

1923 年春，王尚德与华县咸林中学教员、共产党员王复生在赤职召开进步学生会议，成立了咸林中学青年励志社。赤职开始招生后，王尚德制定了“学习社会科学，为社会进步、国家富强、人民幸福奋斗到底”的办学指导思想，以及“教育为政治服务，为经济服务”的教育方针，并以赤职作为根据地，开展革命活动，发展青年团员。1924 年，为反对当时腐朽的旧教育制度，王尚德组织起教育促进会，驱逐了当时腐败的渭南县教育局局长。1924 年 6 月，依照团中央指示，王尚德在赤职创建了社会主义青年团赤水支部干事会（后改称赤水特别支部），并担任书记。

1936 年 8 月，赤水农业职业学校教职员暨第一届新生合影

1927 年大革命失败后，革命形势进入低潮，王尚德更加积极地为家乡办学而奔走，在赤职继续培养革命人才，发展党团组织；以学校为基地，创办农民夜校，宣传马列主义，提高农民觉悟，吸收青年农民加入革命组织。他擅长口技艺术，经常挤出时间在农协大会上表演口技，吸引群众，借机启发群众对革命的向往，为渭华起义积累群众基础。1937 年抗日战争全面爆发后，王尚德领导家乡青年成立抗敌工作团、抗敌后援会等组织。他把新建的赤水农业职业学校的师生编成民众抗日大队，

赤水农业职业学校旧址

并将部分学生和自己的儿女送往延安，参加抗日工作。1946年8月13日，王尚德被国民党特务杀害于家乡。

回顾王尚德的人生历程与人生抉择，其实就是五四精神生动具体的阐释。概言之，即青年们为了民族、国家的强盛与社会进步，勇于承担历史使命，不断求索，积极奋斗的时代精神。

·知识链接

课程链接

部编版《中国历史（八年级）》上册《新文化运动》《五四运动》

人教版高中《历史(必修1)》中的《新民主主义革命的崛起》

课外拓展

观看人民网专栏《为了民族复兴·英雄烈士谱》，观看电影《建党伟业》。

事件回放

陕西红色火种的传播

民国初年的陕西社会，新式教育滞后，人们思想闭塞。当陕西学子进入北京、上海、天津等地学习后，各种新思潮迎面而来，使他们目不暇接，颇受震动。受新文化运动影响，旅外陕籍学生创办的以陕西为主要发行区域的刊物日渐增多。他们在逐步接受新思潮和马克思主义思想的启蒙后，通过各种方式向陕西传播，其中影响最大的就是《共进》杂志与共进社。

1921年10月，旅京的陕籍进步学生刘天章、李子洲、杨钟健、杨晓初、赵国宾、刘含初、呼延震东等人，组建《共进》杂志社，并于当月出刊。《共进》杂志以“提倡桑梓文化，改造陕西社会”为宗旨，刊登了大量揭露封建军阀黑暗统治的文章，文章笔锋犀利，针砭时弊，鼓动性很强。为了扩大影响，他们在《共进》杂志创刊一周年之际，于 1922 年 10 月发起成立了陕西旅京学生的进步社团组织——共进社。共进社和《共进》杂志明确把政治改造当作社会改造的先决条件，一开始就将矛头对准当时统治陕西的军阀刘镇华。《共进》杂志开辟专栏，以各种体裁的文章，对刘镇华祸陕罪行进行了无情的揭露，号召陕西人民通过“罢税、罢工、罢市、罢学”等运动“群起而攻之”，得到陕西社会舆论的广泛同情与支持。

共進
第五十五期
通信處 北京後門內吉安所左巷六號
列寧之死與中國青年

《共进》杂志

在中国共产党的影响下，《共进》杂志在评论陕政和介绍民主思潮的同时，也旗帜鲜明地刊载宣传马克思主义、歌颂十月革命的文章，逐渐有了明确的政治方向。1922 年 6 月 15 日，《共进》第十七期上刊登了《中国共产党对于时局的主张》一文，接着又多次刊登中共机关刊物《向导》的目录，并转载中共领导人的文章，积极宣传党的民主革命纲领。此外，在介绍各国革命经验和马克思主义观点的同时，也结合当时的局势，分析了中国的社会、政治、经济等状况，提出了改造社会，革新陕西政治和教育的主张。由于《共进》杂志行销范围遍及京、津、沪、汉及开封、南通等大中城市，在陕西的西安、三原、渭南、华县、榆林、绥德、延安、南郑等地影响也比较大，对革命运动的发展起到了积极的推动作用。

名物疏解

中国共产主义青年团

中国共产主义青年团（1925 年前名为“中国社会主义青年团”）是中国共

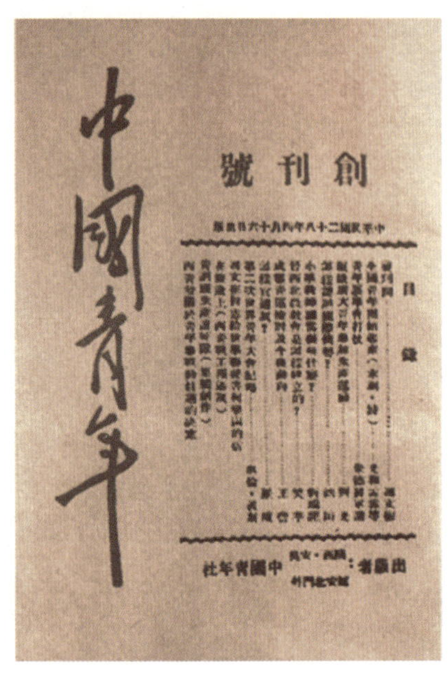

《中国青年》创刊号目录

产党领导的进步青年的群团组织，主体是优秀进步青年，受中国共产党中央委员会领导；同时受中国共产党的委托，领导中国少年先锋队的工作，指导中华全国学生联合会开展工作。新文化运动的兴起是青年团产生的思想基础，马克思主义的传播是青年团产生的理论基础。1920 年 8 月 22 日，上海社会主义青年团成立。1920 年秋至 1921 年春，北京、武汉、广州、长沙等地的革命青年分别在李大钊、董必武、谭平山、毛泽东等人的领导下相继成立青年团。1922 年 5 月 5 日，中国社会主义青年团第一次全国代表大会在广州市东园召开，成立了青年团的全国组织。1923 年 10 月，创办了机关刊物《中国青年》周刊。1925 年 1 月 26 日至 30 日，中国社会主义青年团第三次全国代表大会在上海召开，会议上将中国社会主义青年团正式更名为“中国共产主义青年团”，沿用至今。

人物档案

王尚德

王尚德

王尚德（1891 年 9 月 1 日—1946 年 8 月 13 日），又名璋峰，化名王琴声，陕西渭南县（今渭南市临渭区）人。陕西传播马克思主义的先驱，陕西早期党、团组织和农民协会的创始人之一，发动、组织了震动全国的渭华起义和农民革命斗争。

李子洲

李子洲（1892 年 12 月 23 日—1929 年 6 月 18 日），名登瀛，笔名逸民，陕西绥德县人。中国共产党早期活动家、中国共产党的优秀党员、著名革命家、陕西革命的先驱。五四运动中，担任北京大学学生会干事，参与创办进步刊物《共进》，是《共进》杂志的主要撰稿人和发行人，也是共进社的主要领导人之一，被誉为共进社的大脑。曾任中共陕西省委常委、代理省委书记等职。1929 年被敌逮捕，病逝狱中。为纪念李子洲，1943 年陕甘宁边区政府将绥西办事处更名为子洲县。

李子洲

基地链接

王尚德烈士陵园

王尚德烈士纪念碑

王尚德烈士陵园位于渭南市临渭区城区以东 10 千米处，占地 13000 多平方米，园内安葬着王尚德烈士以及渭华起义、抗美援朝、对越自卫反击战、现代化建设等不同时期的烈士 310 余名。主要建筑有王尚德烈士纪念馆、临渭区革命烈士陈列室、散葬烈士纪念区、烈士英名录纪念碑、祭奠烈士广场和烈士浮雕广场，是渭南市重点烈士纪念建筑物保护单位和爱国主义教育基地。

李子洲故居

李子洲故居

李子洲故居位于绥德县城兴隆巷口左侧，建于光绪年间，整体布局为传统的窑洞四合院式，坐北向南，内有正窑 3 孔、厢窑 6 孔、倒座窑 3 孔，占地 500 多平方米。1942 年为纪念李子洲的革命伟绩，在故居旁又建立子洲图书馆，图书馆馆名为毛泽东题写。

探究思考

1. 五四运动是中国旧民主主义革命与新民主主义革命的分界线，说一说旧民主主义革命的领导者与新民主主义革命的领导者分别是怎样的一群人。

2. 在积贫积弱的清末，进步青年们为了救亡图存做了哪些努力?

□ 渭华起义

·讲　述

1926 年冬至 1927 年春，大革命在全国进入高潮。在革命形势迅速发展的情况下，帝国主义加紧干涉中国革命，国民党右派加紧勾结帝国主义，篡夺革命领导权。1927 年 4 月 12 日蒋介石在上海发动反革命政变，7 月 15 日汪精卫在武汉亦发动反革命政变，血腥屠杀共产党人和工农群众，大革命遂告失败。

大革命失败后，中国共产党在陕西关中东部的渭华地区（渭南、华县）的组织基本保存下来。1928 年初，按照中共中央“武装暴动，推翻地主军阀统治，建立苏维埃政权”的指示，中共陕西省委加紧进行武装起义的准备工作。1928 年 2 月 29 日，在渭南县委的领导下，渭南县城西北 4 千米处的槐衙村爆发了群众、学生反对当地反动分子破坏教育活动的“宣化事件”。义愤填膺的群众、学生处死了捣毁中共区委所在地——宣化观小学的反动豪绅刘铭初和薛明璋。这一事件遭到国民党当局的残酷镇压，中

渭华起义指挥部砖铺标语

渭华起义总指挥部旧址

共活动据点渭南县中学和渭南东关小学被封闭，党团员及革命群众 40 多人被捕。中共渭南县委决定将党、团组织转移到农村，帮助整顿农民协会，联合人民群众开展反帝反封建宣传，建立农民武装。这时，陕西将领李虎臣发动了反对冯玉祥的战争，动摇了冯玉祥在陕西的反动统治。中共陕东特委认为时机已经成熟，遂根据陕西省委的指示，于 1928 年 5 月 1 日组织农民群众在渭南县崇凝镇举行群众大会，渭华起义正式拉开战幕。

当天，渭南县东原上千名农民和学生，手持武器和小旗，从四面八方拥向崇凝镇街南大庙戏台前集合，以纪念五一国际劳动节。会场周围张贴着“实行耕者有其田”“大家吃，大家干，大家的事大家办”“有土皆豪，无绅不劣”等醒目的标语。大会宣布崇凝区苏维埃政府成立，陕西第一个革命政权光荣诞生了。

在崇凝区苏维埃的鼓舞下，渭华各地纷纷举行群众大会，建立区、乡、村苏维埃政权。仅仅一个多月，华县高塘、大明、圣山，渭南县崇凝、阳郭、三张等地国民党政权先后覆灭，地主土豪纷纷逃往县城或西安，渭华原上的革命如星星之火，迅速形成燎原之势。5 月 7 日，李虎臣部共产党员许权中率领的

一个旅，由洛南被调往潼关与冯玉祥部作战。5 月 10 日，李虎臣部战败。当晚，刘志丹、唐澍、许权中率部向渭华地区进发，部队抵达华县瓜坡镇，宣布起义，举起工农革命军的红旗。不日，起义部队到达高塘，陕东赤卫队、农民协会及各界群众万余人参加了大会。会上宣布西北工农革命军成立。西北工农革命军以刘志丹为军委主席，唐澍为总司令，王泰吉为参谋长，吴浩然为军党委书记，许权中任军事顾问。在党的领导下，渭华人民和起义军在渭华原上，打土豪、分财物，建立苏维埃政权，使起义烽火席卷了渭华大地，迅速形成以华县高塘、渭南塔山为中心，东至少华山，西至临潼东，南至秦岭北麓，北及渭河两岸，方圆 200 多平方千米，先后建立 48 个区、村苏维埃，拥有数十万人口的红色武装割据区域。基层苏维埃政府办起平民学校、农民夜校和儿童团，组织群众学文化，提倡男女平等，禁止妇女缠足。红色区域呈现出一派新气象。

渭华起义像一声春雷，震惊了西北大地。国民党反动派迅速组织反扑，妄图将革命力量一举消灭。起义军与国民党军队发生过三次大规模战斗，结果在第三次战斗中，起义军因敌众我寡，经过近一个月的残酷战斗后，总司令唐澍英勇牺牲，渭华起义失败。

渭华起义是土地革命战争初期共产党人在陕西领导的影响和规模最大的一

1928 年 5 月，渭华起义时召开群众大会的情景

渭华起义雕塑

烈士殉难井

次起义，是开创农村革命根据地的一次伟大尝试。它不仅是陕西和西北的重大革命事件，也是当时全国的重大事件。这次起义虽然失败了，但它为以后创建西北革命根据地积累了经验，锻炼了干部。

·知识链接

课程链接

人教版高中《历史（必修1）》中的《国共的十年对峙》

课外拓展

观看纪录片《渭华起义》。

事件回放

渭华起义的历史背景

鸦片战争之后，我国逐渐沦为半殖民地半封建社会，深受帝国主义的压迫。1911年辛亥革命爆发，革命之火席卷中华大地。1912年，清宣统皇帝宣布退位，清朝灭亡，统治中国2000多年的封建君主专制制度终于结束，举国欢庆，但革命的果实却被袁世凯窃取，中华大地依旧笼罩在帝国主义压迫的阴霾下，国内军阀割据，人民苦不堪言。

1924年，为了彻底推翻封建主义、帝国主义，打倒军阀，结束中华大地纷乱的局面，中国共产党和中国国民党合作，为革命事业并肩作战。国共合作实现之后，工农运动得到了迅速恢复与发展。北伐军连克孙传芳、吴佩孚部，上海工人第三次起义爆发，革命事业节节胜利，国家即将实现统一。

正当革命如火如荼之际，1927年4月12日，蒋介石叛变革命，在上海发

渭华起义（油画）

动政变，大肆捕杀共产党员和革命群众；5 月 21 日，许克祥在长沙发动“马日事变”；7 月 15 日，汪精卫在武汉发动政变，残酷镇压革命，叫嚣“宁可错杀一千，不可漏网一人”，大肆逮捕、屠杀共产党员和革命群众。由于蒋介石、汪精卫等人的背叛，轰轰烈烈的大革命运动失败。九州大地血流千里，四万万民众悲愤恸哭。

面对国民党的血腥屠杀，共产党不畏强暴，于 8 月 7 日在汉口召开了紧急会议，决定反抗国民党的反动统治，实行工农武装割据，开展土地革命。1927 年，先后发动了南昌起义、秋收起义、广州起义，沉重地打击了国民党反动统治的嚣张气焰。

大革命失败以后，陕西地区的反动当局到处捕杀共产党人，白色恐怖笼罩三秦大地。在这种情况下，中共陕西省委根据党的“八七会议”精神，于 9 月 26 日召开第一次省委扩大会议，确立了武装反抗国民党反动统治的方针。渭华地区是陕西建立中共党、团组织最早的地区之一，也是大革命时期全省群众运动特别是农民运动最活跃的地区。在冯玉祥“清党”反共时，党的组织受破坏较小，因此，渭华起义就在这样的环境中慢慢发展成燎原之势。渭华起义是继南昌起义、秋收起义和广州起义之后在全国具有影响的起义之一，在陕西革

命史上写下了光辉的一页。

名物疏解

西安中山军事学校

1926年11月，冯玉祥率国民军联军解西安之围后，西北地区革命形势迅速发展，急需大批人才。在共产党人的积极倡导和推动下，国民军联军驻陕总司令部决定筹办一所军事学校，即西安中山军事学校。1927年3月成立筹备处，5月12日在西安北院门（原西安市政府大院）正式开学。中共党员史可轩任校长，李林任副校长兼教务主任，邓小平任政治部主任，许权中任总队长，教员和干部大部分是中共党员。西安中山军事学校是国共合作在西北创办的一所培养革命军事人才的学校，被誉为“西北之黄埔”。1927年7月，冯玉祥命令该校与国民军联军政治保卫部合编为一个旅，由史可轩带领开往河南前线。中共陕西省委指示该旅前往陕北，不料史可轩在富平遇害，部队便由许权中率领前往渭南。1928年5月，该旅在渭华地区起义。

西安中山军事学校遗址

人物档案

刘志丹

刘志丹

刘志丹（1903 年 10 月 4 日—1936 年 4 月 14 日），名景桂，字子丹、志丹，陕西保安县（今志丹县）人。忠诚的共产主义战士，杰出的无产阶级革命家、军事家。1928 年 4 月，领导渭华起义，任西北工农革命军军事委员会主席。后在陕甘边开展兵运工作。1931 年 10 月，和谢子长、阎红彦等组建西北反帝同盟军，后改编为中国工农红军陕甘边游击队，刘志丹任总指挥，是陕甘边革命根据地、西北革命根据地的主要创建者。他把陕北、陕甘边两块苏区统一为西北革命根据地，使之成为中共中央和各路红军长征的落脚点。1936 年 4 月在东征中牺牲。他被毛泽东誉为“群众领袖、民族英雄”。被周恩来称赞：“上下五千年，英雄万万千，人民的英雄，要数刘志丹。”

史可轩

史可轩（1890 年—1927 年 7 月 30 日），陕西兴平县（今兴平市）人。中国同盟会会员，中华革命党党员，中国共产党党员，率领国民军联军总司令部警卫师，解西安城围，围歼镇嵩军残部。创办西安中山军事学校，1927 年在富平美原遭田春生杀害。

许权中

许权中（1894 年—1943 年 12 月），陕西省临潼县人。投笔从戎，参加以于右任为总司令的靖国军，曾任西安中山军事学校学员队总队长，参加渭华起义，是西安事变主要执行者之一。曾任国民革命军五二九旅旅长，参加华北抗战。1943 年 12 月，在眉县被杀害。

史可轩

许权中

基地链接

渭华起义纪念馆

渭华起义纪念馆坐落在陕西省渭南市华州区高塘原上，这里地势挺拔，山清水秀，风景宜人。南接秦岭，北临渭水，川原起伏，沟壑纵横，与雄伟高大的渭华起义纪念碑相映生辉。渭华起义是西北地区规模最大、影响最广的一次起义，在中国革命斗争史上具有重大意义。这次起义虽然失败了，但起义军民

渭华起义纪念馆外景

无比英勇的战斗精神，给了中国人民以新的鼓舞。起义的许多领导人和保留下来的武装力量，继续为中国革命事业顽强战斗。

如今的渭华起义纪念馆是陕西省委命名的爱国主义教育基地，成为广大人民群众缅怀先烈，进行革命传统和爱国主义教育的场所。馆藏革命文物1400余件，陈列展室7个，起义领导旧居4处。馆内保留了当年起义时具有重要意义的革命遗址5处：西北工农革命军军委指挥部、15个砖铺大字、中共华县县委旧址、西北工农革命军军委扩大会议遗址、烈士殉难井。

渭华起义纪念碑（邓小平题词）

探究思考

1. 早期共产党人大多数来自学校，又选择在学校传播革命的火种，这是为什么？

2. 渭华起义是中共陕西省委在革命低潮时期领导的具有较大规模和影响力的一次起义。参与起义的力量来自方方面面，不仅唤醒了劳苦大众，也为建立革命根据地积累了经验。渭华起义失败后，陕西共产党人又相继组织了哪些起义？结果如何？

□ 照金岁月

·讲 述

大革命失败后，陕西的共产党人相继发动了清涧、渭华等多次起义。虽然这些起义都以失败告终，但它使革命者认识到了创建革命根据地的重要性。刘志丹、谢子长等人经过艰难曲折的斗争，先后建立起陕甘边和陕北两块革命根据地，又在此基础上扩展，形成了具有重大历史影响的西北革命根据地。照金的故事就从这里开始。

照金全貌

20 世纪 30 年代初的照金土地贫瘠，匪患兵祸交相为害，社会矛盾尖锐，民不聊生，人民群众渴望革命的愿望异常强烈。1932 年，刘志丹、谢子长等领导的红军陕甘游击队首次来到照金，在这堆“干柴上”点燃了革命的星星之火。

1932 年 12 月，陕甘游击队改编为中国工农红军第二十六军第二团。按照中央和省委的部署，在照金游击队的配合下，横扫了照金腹地和周边反动武装，初步廓清了照金苏区的环境，并通过外线作战扩大了根据地，逐步形成以照金为中心，横跨耀县（今铜川市耀州区）、淳化、旬邑三县边界的红色区域。在照金地区开展了 30 多次分粮斗争。分粮斗争极大地调动了广大群众“闹红”的积极性，扩大了党和红军的影响，为创建以照金为中心的陕甘边根据地奠定了群众基础。

1933 年 3 月初，中共陕甘边特委在照金成立，习仲勋任特委军委书记，同时建立了苏维埃政权——陕甘边革命委员会，习仲勋担任副主席。照金苏区已成为纵横千里，面积为 2500 平方千米的革命武装割据区域。

1933 年春，根据地党政领导机关迁驻距照金镇约 5 千米的薛家寨。这里处于桥山山脉南端，海拔 1600 多米，重峦叠嶂、密林如海，中心地带壁立千仞，地势十分险峻，相传为薛刚反唐时的驻兵之地，因此得名。山寨形似葫芦，东、南、西三面为悬崖绝壁，山坡灌木丛生，仰视不见寨形，细看仅见草丛小道。整座山寨走势雄奇，军事上易守难攻，成为根据地党政军机关驻地。就在 1933 年秋，这里发生了历史上有名的薛

薛家寨红军石

家寨保卫战。9月份，国民党陕西当局向照金苏区发动猛烈进攻。以孙辅仁为首的上千敌人，兵分几路向薛家寨逼近，企图占领薛家寨，消灭红军。在这危急关头，留寨的红军战士、游击队员、工人和妇女挺身而出，奋勇抗击，打退敌人的多次进攻，取得第一次保卫战的胜利，但游击队总指挥李妙斋在保卫战中不幸中弹牺牲。10月，国民党当局再次对薛家寨发动更大的围攻，在吴岱峰、张秀山的掩护下，习仲勋带领机关转移。国民党军在叛徒陈克敏的带路下攻陷了薛家寨，薛家寨陷落。陕甘边红军主力北上到甘肃合水一带。

1934年春，红军和游击队收复照金，照金苏区的革命形势重新高涨起来，区、乡工农政权和党组织相继恢复，一直坚持到全国解放。照金苏区是土地革命战争时期由中国工农红军第二十六军和陕甘边党组织、陕甘边游击队创立的，在鼎盛时期，红色武装割据区域扩展到陕甘两省14个县，面积达两千多平方千米。

知识链接

课程链接

人教版高中《历史（必修1）》中的《国共的十年对峙》

课外拓展

观看纪录片《陕甘风云》，聆听大型组歌《照金岁月》。

事件回顾

陕甘边革命根据地的建立

陕甘边革命根据地是20世纪30年代由刘志丹、谢子长、习仲勋等人在陕

南梁革命纪念馆

西省和甘肃省交界地区创建的红色根据地，先后经历了三个中心：寺村塬中心（1932 年 4 月）、照金中心（1933 年 3 月—1933 年 10 月）、南梁中心（1933 年 11 月—1935 年 2 月），这三个中心一脉相承，最终形成了以南梁为中心的陕甘边革命根据地，被毛泽东称为聪明的“狡兔三窟”。

1932 年，南梁游击队在林锦庙与转战而来的陕北游击支队会师，合编为“西北反帝同盟军”，谢子长任同盟军总指挥，刘志丹任副总指挥，杨仲远任参谋长，全军 700 余人。1932 年 2 月，西北反帝同盟军改编为中国工农红军陕甘游击队，在三嘉原一带打土豪、分田地，铲除封建剥削，摧毁封建政权，宣传革命道理。由于红军纪律严明，与群众打成一片，长期遭受兵匪和封建地主压迫的许多陇东青年纷纷参加了陕甘红军游击队。3 月下旬，陕甘游击队建立了陕甘边第一个红色政权：寺村塬革命委员会，从而揭开了创建陕甘边地区革命根据地的序幕。

创建陕甘边——刘志丹、习仲勋、马文瑞在环县战斗的日子（袁鹏飞/绘）

1933 年初，在刘志丹、王世泰等人的领导下，创建了以照金为中心的陕甘边革命根据地，打土豪、分田地，建立红色政权。1933 年 10 月，照金失陷后，同年 11 月 3 日至 5 日，以刘志丹为代表的共产党人召开了包家寨会议，会上清算了“左”倾冒险主义的错误，确定了创建红色政权的一系列正确的行动方针和策略。会后，恢复了红二十六军，红四十二师在莲花寺成立，师长为王泰吉，红军在根据地广泛开展游击战争；深入贫苦农民中，宣传革命道理；发动群众、组织群众建立各种群众团体。1934 年初，陕甘边特委和红四十二师党委在南梁荔园堡召开联席会议，决定恢复陕甘边革命委员会，主席为习仲勋。11 月 1 日，中共陕甘边区特委和陕甘边区革命委员会在南梁荔圆堡召开陕甘边区工农兵代表大会，选举产生了陕甘边区苏维埃政府（亦称南梁政府），主席为习仲勋；会议选举产生了陕甘边区革命军事委员会和赤卫军总指挥部，刘志丹

陕甘边区苏维埃政府成立 （袁鹏飞/绘）

任军委主席，朱志清任赤卫军总指挥。经过军民的浴血奋战，粉碎了敌人的多次进攻和“围剿”，壮大了革命力量，使根据地由华池扩展到甘肃庆阳市的合水、庆城、正宁、宁县和陕西的旬邑、淳化、耀县、同官（今铜川市王益、印台区）、宜君、黄陵、富县、甘泉、保安、安塞、定边、靖边等十多个县，数万平方千米的广大地域。

人物档案

习仲勋

习仲勋（1913 年 10 月 15 日—2002 年 5 月 24 日），陕西富平县淡村镇中合村人。中国共产党的优秀党员，伟大的共产主义战士，杰出的无产阶级革命家，我党、我军卓越的政治工作领导人，陕甘边革命根据地的主要创建者和领导者之一，曾任中共关中地委、绥德地委书记，西北局书记、西北野战军副政委、西北军区政委、国务院副总理、中央政治局委员、书记处书记、全国人大常委会副委员长等职。

王泰吉

王泰吉

王泰吉（1906 年—1934 年），字仲祥，陕西临潼县人，中共党员，革命烈士。参与领导了麟游起义、渭华起义、耀县起义，成立西北民众抗日义勇军，任总司令，后任陕甘边红军临时总指挥部总指挥，红二十六军第四十二师师长。1934 年 1 月前往豫陕边做兵运工作，途经陕西淳化通润镇时被捕，3 月 3 日在西安就义。1951 年陕西人民政府在西安革命公园修建了王泰吉纪念亭、纪念碑。

李妙斋

李妙斋

李妙斋（1903 年—1933 年），原名玉玺，化名妙斋、华锋、王之宪、王桥山等，山西汾西县城关镇店头村人。中共党员，陕甘边革命根据地创建者之一，革命烈士。1933 年参加蒿店起义，成立中国工农红军陕甘游击队第七支队，并任队长；以红二十六军特派员的身份，建立起照金第一、第二游击队。1933 年 9 月，在薛家寨保卫战中牺牲。

基地链接

陕甘边革命根据地照金纪念馆

以照金为中心的陕甘边革命根据地，是刘志丹、谢子长、习仲勋等共产党人把毛泽东工农武装割据思想与陕甘边具体实际相结合的光辉典范，为西北革

陕甘边革命根据地照金纪念馆

命根据地的发展奠定了基础，积累了经验，培养了一批优秀人才。为了缅怀先烈、教育后人、宣传照金革命史、弘扬革命传统，充分发挥照金爱国主义教育基地的作用，在陕西省铜川市耀州区照金镇修建了陕甘边革命根据地照金纪念馆，全面介绍陕甘边革命根据地创建、发展的历史，讴歌了老一辈无产阶级革命家的辉煌业绩。

薛家寨革命旧址

薛家寨革命旧址

薛家寨革命旧址是陕甘边革命根据地党政军机关驻地，位于照金镇东北 5 千米处，南北长 3.5 千米，东西宽 1.6 千米，形似倒放的葫芦，海拔为 1619 米。薛家寨以其独特的丹霞地质地貌闻名遐迩，据考证，北宋丹青圣手范宽的《溪山行旅图》就是以薛家寨附近的地貌为原型创作的，民间传说薛家寨是薛刚反唐时练兵、屯兵之地，由此而得名。

富平县爱国主义教育基地

习仲勋雕塑

富平县爱国主义教育基地位于富平县城西北陶艺果林园附近，由习仲勋纪念馆、习仲勋陵园组成。2018年，被教育部公布为第一批“全国中小学生研学实践教育基地”。纪念馆展陈面积为1200平方米，陈列的主题为：群众领袖，人民功臣。展出了习仲勋在革命战争年代、社会主义革命与建设时期的革命征程和历史贡献，以及习仲勋在改革开放时期的奋斗足迹和历史功勋。习仲勋的石刻座像位于陵园中央，在习仲勋的石刻座像背后篆刻着其夫人齐心书写的习仲勋语：“战斗一生，快乐一生。天天奋斗，天天快乐。”

富平县爱国主义教育基地

探究思考

1. 从陕甘边革命根据地建立的曲折过程中，你能体会到是什么力量支撑着共产党人在革命的道路上不断前进？

2. 革命根据地对于中国革命具有十分重要的意义，是革命的基础、革命的依托、革命的摇篮。在中国革命史上都建立过哪些革命根据地？试着制作一张汇总表。

圣地延安

微信扫码，领取
本书电子书

□ 到延安

·讲 述

在中国革命的历史上，红军长征被誉为史诗般的战略转移。从1935年10月到1936年10月，有四支经历了艰苦长征的红军部队，先后来到落脚点——西北革命根据地，实现了三次历史性的胜利会师。从此，中国共产党人和红军有了一个“新家”，中国革命有了一个新的战略基地。

1935年9月下旬，在“左”倾路线的指导下，西北根据地发生了严重的错误肃反，刘志丹、高岗、习仲勋等一批党政军领导干部被逮捕入狱，200多名干部被残酷杀害。中共中央到达陕北后，毛泽东立即下令解救出了刘志丹、高岗、习仲勋等大批被错误逮捕的干部。

刘志丹出狱后，周恩来和毛泽东先后接见了他。周恩来见到刘志丹时的第一句话就说：“你受苦了，我们感谢你创建了这块根据地，使中央有了落脚地。”刘志丹心情激动地说：“感谢中央救了我们。”第二天，周恩来带着刘志丹来到毛泽东的住处。毛泽东亲切地安慰刘志丹：“你和陕北的同志受委屈了，但对一个革命者来说，坐牢也是一种考验。”毛泽东

瓦窑堡革命旧址

瓦窑堡革命旧址：毛泽东旧居

接着说：“陕北这个地方，在历史上是有革命传统的，李自成、张献忠就是从这里闹起革命的。这地方虽穷，但穷则思变，穷就要闹革命嘛！这里群众基础好，地理条件好，搞革命是个好地方！”刘志丹听了欣喜万分，立即代表全体获释干部感谢中共中央的英明处理，他激动地说：“是党中央和毛主席挽救了陕北和我们。中央来了，今后的事情就好办了。”

曾经有一首陕北民歌《山丹丹开花红艳艳》反映了当年的历史，歌中唱道：“咱们中央红军到陕北……满天的乌云风吹散，毛主席来了晴了天。”这首歌至今仍家喻户晓，久唱不衰。

1935 年，日本已占领东三省四年了，并在积极策动华北五省“自治”。蒋介石顽固地坚持“攘外必先安内”政策，为把主要军力用于“围剿”红军，与日本签订了丧权辱国的《秦土协定》《何梅协定》，华北五省名存实亡，中华民族到了最危急的时候。

1935 年 11 月 28 日，中华苏维埃共和国中央临时政府和中国工农红军革命军事委员会发表了《抗日救国宣言》。12 月 9 日，北平学生游行示威，呼吁“停止内战，一致抗日”，全国抗日救亡运动进入高潮。12 月下旬，中共中央政治局扩大会议在陕北瓦窑堡召开。会议分析了华北事变后国内阶级关系的新变化，讨论了关于建立抗日民族统一战线、建立抗日联军和国防政府等问题，批判了党内长期存在着的认为不可能争取民族资产阶级与中国工人、农民联合抗日的“左”倾关门主义的观点，决定了建立抗日民族统一战线的策略。会议通过了《中央关于军事战略问题的决议》《中央关于目前政治形势与党的任务的决议》等决议案。会议的决议和毛泽东的报告圆满地解决了党的政治路线问题。

针对当时围攻陕北的主要是张学良的东北军和杨虎城的西北军，中共中央、毛泽东曾多次写信给张学良、杨虎城，提出西北大联合的主张，并得到张学良、杨虎城的赞同，初步建立了红军、东北军、西北军“三位一体”的联合战线，逼蒋抗日，有力地推动了全国统一战线的形成，“建立抗日民族统一战线”成为全中国人民的呼声。

·知识链接

课程链接

部编版《中国历史（八年级）》上册《中国工农红军长征》

人教版《语文（九年级）》上册《沁园春·雪》

课外拓展

观看电视剧《红军东征》相关片段，聆听红色经典史诗《长征组歌》，阅读《我们的父亲毛泽东》(毛岸青、邵华合著，毛新宇、刘滨整理)。

事件回放

延安——各路红军长征的落脚点

1934年10月，中共中央率中国工农红军第一方面军从江西瑞金出发，开始了伟大的战略转移，历经湘江之战、四渡赤水、飞夺泸定桥、翻越夹金山、突破腊子口等艰难险阻，于1935年9月18日到达甘肃岷县以南的哈达铺(今属甘肃宕昌县)。在这里，红军根据近期的《大公报》《西京日报》《晋阳日报》

1935 年 10 月，红军到达陕北吴起镇

等报纸，获悉西北红军和西北根据地的信息，毛泽东果断地提出：到陕北去！9 月 20 日，中共中央在哈达铺召开中央负责人会议，决定红军北上，部队正式改编为中国工农红军陕甘支队（简称“陕甘支队”），彭德怀任司令员，毛泽东兼任政治委员，下设三个纵队，全支队共 7000 余人。9 月 22 日，毛泽东在陕甘支队团以上干部会议上做了关于形势和任务的政治报告，进一步提出：陕甘支队前进的目标是陕北，那里有刘志丹的红军，还有根据地！我们要抗日，首先要到陕北去！毛泽东号召红军指战员：胜利前进吧！到陕北只有七八百里了，那里就是我们的目的地，就是我们的抗日前进阵地！

1935 年 9 月 27 日，陕甘支队到达甘肃通渭县榜罗镇，当晚在这里召开中央政治局常委会议，根据新了解的情况，决定将中共中央和红军的落脚点放在陕北，以陕北作为领导中国革命的大本营；保卫和扩大苏区，以陕北苏区来领导全国革命。10 月 10 日，陕甘支队主力翻越六盘山，抵达镇原县的三岔镇。10 月 17 日，陕甘支队从定边县的五股掌、铁角城分两路入陕。10 月 19 日，陕甘支队抵达保安县吴起镇（今吴起县），进入西北革命根据地。中国工农红军陕甘支队刚进入西北苏区，宁夏军阀马鸿宾、马鸿逵的骑兵和东北军白凤翔部的骑兵即尾随而来，对红军形成夹击之势。10月21日，陕甘支队在彭德怀的指挥下，于吴起镇西山地设伏，全歼国民党军第三十五师骑兵团，击溃第三十二师和三十六师两个骑兵团，即著名的“切尾巴”战斗。毛泽东高兴地说：“步兵打骑兵，这是个创举啊！”毛泽东还写下热情洋溢的诗句赞扬彭德怀，诗曰：“山高路远坑深，大军纵横驰奔，谁敢横刀立马，唯我彭大将军。”彭德怀看到后，将诗的最后一句改为了“唯我英勇红军”。此时，国民党东北军第五十七军四个师，由甘肃庆阳、合水沿葫芦河向陕北富县进犯，东北军王以哲部六十七军一个师沿洛川、富县打道北上，企图乘中央红军立足未稳，将红军聚歼在洛河以西、葫芦河以北地区。11月初，红军陕甘支队与红十五军团在甘泉下寺湾地区会师。11月5日，毛泽东、周恩来、彭德怀在甘泉县下寺湾召开军团以上干部会议，决定在富县直罗镇采用包围战歼灭追踪之敌。11月23日下午，红军在张家湾地区歼其一个团。与此同时，东北军一〇九师师长牛元峰部也被红军全歼。直罗镇战役的胜利，彻底打破了国民党军对西北根据地的第三次“围剿”。毛泽东称这次战役的胜利“使刚刚会合的南、北、中三支红军，得到进一步的团结”，为中共中央把全国革命的大本营放在西北举行了奠基礼。

名物疏解

永坪会师

1935年9月15日，徐海东、程子华率领的红二十五军先期长征到达陕西延川永坪镇。16日，刘志丹率领红二十六军、二十七军到达永坪镇，两军胜利会师。17日，中共鄂豫陕省委和中共西北工委举行联席会议，决定成立中共陕甘晋省委，撤销红二十五军、二十六军、二十七军番号，组成工农红军第十五军团。9月18日，在永坪镇举行盛大的军民联欢大会，庆祝红二十五军与陕甘红军胜利会师以及纪念九一八事变四周年，史称“永坪会师”。

永坪会师

雪地会师讲话

1935 年 11 月 6 日，中央红军和红十五军团在甘泉县道镇象鼻子湾村胜利会师。毛泽东在会上发表了著名的“雪地会师讲话”，讲话的内容主要有三部分：第一部分讲长征的伟大意义，毛泽东在讲话中第一次使用了“二万五千里长征”这个词汇，总结了长征，宣告长征胜利结束，并指出长征是宣言书，长征是宣传队，长征是播种机；第二部分讲形势，毛泽东指出革命正处于高潮，而不是低潮，我们党提出联合一切力量，反抗日本帝国主义的侵略，实现抗日统一战线的政策是完全正确的；第三部分讲任务，毛泽东指出，今后我们要与陕北人民团结在一起，共同完成中国革命的伟大使命。

雪地会师讲话旧址

瓦窑堡会议

瓦窑堡会议是指 1935 年 12 月 17 日中共中央在陕北子长县（今陕西子长市）瓦窑堡召开的一次重要的政治局扩大会议。会议分析了华北事变后国内阶级关系的新变化，讨论了抗日民族统一战线、国防政府和抗日联军等问题，批判了党内长期存在的“左”倾关门主义，制定了抗日民族统一战线的策略方针。12 月 25 日，会议通过了《中央关于目前政治形势与党的任务的决议》。决议指出目前形势的基本特点就是日本帝国主义要把中国变为它的殖民地。这种形势给中国一切阶级和一切政治派别提出了该怎么办的问题。因此，党的策略任务就在于发动、团结和组织全中国和全民族一切革命力量去反对当前的主要敌人——日本帝国主义。《决议》还提出将“工农共和国”的口号改为“人民共和国”。这次会议是继遵义会议后中共中央召开的一次重要会议。它科学地总结了两次国内革命战争的基本经验，解决了遵义会议没有来得及解决的政治策略问题，确定了建立抗日民族统一战线的政策。

人物档案

徐海东

徐海东（1900 年 6 月 17 日—1970 年 3 月 25 日），原名元清，湖北省大悟县新城镇人。著名军事家，中国人民解放军大将。1925 年加入中国共产党，曾参与黄麻起义，历任中国工农红军红四方面军独立第四师师长、红二十五军军长、红十五军团军团长等职务，成功保卫了陕北根据地。抗日战争时期，任八路军一一五师三四四旅旅长、新四军江北指挥部副指挥兼第四支队司令员。中华人民共和国成立后，担任中央人民政府人民革命军事委员会委员等职务。1955 年被授予大将军衔，获一级八一勋章、一级独立自由勋章、一

徐海东

级解放勋章。

基地链接

永坪会师纪念馆

永坪会师纪念馆位于陕西延安市延川县永坪镇最繁华的十字路口，由广场雕塑和纪念馆两部分构成，主要展示红二十五军长征，以及与红二十六军、红二十七军会师的情况。永坪会师雕像前，在工农红军旗帜的照耀下，徐海东和刘志丹紧紧握住了双手，身后的战士们喜笑颜开，热情相拥。

永坪会师纪念馆

瓦窑堡革命旧址

瓦窑堡革命旧址位于陕西子长县（瓦窑堡）城内下河滩小东门。1935 年 12 月 17 日至 25 日，中共中央政治局扩大会议在这里举行，确立了抗日民族

瓦窑堡革命旧址

统一战线的策略。瓦窑堡会议会址是一排面向东南的砖窑洞，共有五孔，第二孔是毛泽东在会议期间的住宅，第三孔是瓦窑堡会议的会议室。除此之外，瓦窑堡革命旧址还有毛泽东旧居、周恩来旧居、中央军委驻地旧址等。

探究思考

1. 毛泽东不仅是一位伟大的政治家、军事家，还是一位伟大的诗人。他的作品激扬文字、指点江山、大气磅礴，认真阅读他的诗词并加以体会。

2. 你会唱哪些革命歌曲？想一想这些革命歌曲都创作于什么年代，反映的是哪个时期的革命情况？

□ 逼蒋抗日

·讲　述

1979 年 4 月 12 日，时任中共中央副主席、全国人大常委会委员长的叶剑英到西安视察，来到阔别多年的八路军西安办事处旧址。他抚今追昔，百感交集，在纪念馆留言簿上挥笔题诗：“西安捉蒋翻危局，内战吟成抗日诗。楼屋依然人半逝，小窗风雪立多时。”诗的前两句把人们的思绪带到了 1936 年那不平凡的岁月。

1935 年以来，以张学良为首的东北军和以杨虎城为首的第十七路军，在西北苏区“围剿”红军屡遭失败，同时张、杨受中国共产党抗日民族统一战线政策及人民抗日救亡运动的影响，与红军停止交战，并要求蒋介石联共抗日。

张学良（左）与蒋介石（右）

西北文化日報
中華民國二十五年十二月十三日
全國民衆迫切要求
爭取中華民族生存
張楊昨發動對蔣兵諫
通電全國發表救國主張八項
改組南京政府容納各黨各派
卅萬民衆歡騰鼓舞擁護民族解放運動
救亡領袖
張學良將軍
救亡領袖
楊虎城將軍
張楊等通電全國
發表救國主張
西安各救亡團

1936 年 12 月 12 日《西北文化日报》上有关张学良、杨虎城发动西安事变的报道

蒋介石拒绝了张、杨的要求，调嫡系部队至豫陕边境逼迫张、杨进攻红军。12 月上旬，蒋介石到西安督战，张、杨在多次要求联共抗日被拒绝后，于 12 月 12 日发动兵谏，在临潼华清池和西安分别扣留了蒋介石以及随蒋来陕的军政大员，逼蒋联共抗日。史称“西安事变”，亦称“双十二事变”。

西安事变发生的当天，张学良、杨虎城等 18 位高级将领署名发表《对时局通电》，提出八项抗日主张。同时，张学良立即致电在陕北保安的中共中央，希望听取中国共产党的意见。12 月 17 日，应张、杨的要求，中共中央派周恩来、博古、叶剑英等中共代表赴西安参加调解谈判，同时命令红军从陕甘地区南下至西安附近集中，协助东北军、西北军准备迎击亲日派的“讨伐”。

周恩来等到达西安后，于 12 月 18 日，中共中央致电国民党，进一步提出和平解决西安事变的五项条件：召开抗日救国代表大会；自陕甘撤退“中央军”，援助晋绥抗日前线，承认红军和西安方面的抗日要求；停止内战，一致抗日；开放人民抗日救国运动，释放一切政治犯；实现孙中山先生的三大政策。中共中央的态度和主张，得到各界爱国人士和许多国民党上层人士的赞同。

12 月 19 日，中共中央认为，西安事变的发动，存在着两种前途：一是有可能造成对于中华民族极端危险的新的大规模内战；二是仍有可能争取和平解决，从而为结束“剿共”内战，实行一致抗日创造条件。中国共产党力争避免前一“前途”而实现后一“前途”，坚决主张用和平方式解决西安事变，反对

中共中央代表团主要成员在西安，周恩来（右）、叶剑英（中）、秦邦宪（左）

新的内战，同时主张用一切方法联合南京的左派，争取中派，反对亲日派，以推动南京政府走向抗日。

12 月 23 日，张学良、杨虎城同南京政府派来的代表宋子文、宋美龄进行谈判，周恩来作为中共代表也参加谈判，提出了和平解决西安事变的六项主张：（一）停战，撤兵至关外；（二）改组南京政府；（三）释放政治犯，保障民主权利；（四）停止“剿共”，联合红军抗日，共产党公开活动；（五）召开各党、各派、各界、各军救国会议；（六）与同情抗日国家合作。张、杨赞成六项主张，宋子文也表示基本同意并答应转达给蒋介石。同日下午，三方举行第二轮会谈。宋子文提议先组织过渡政府，三个月后再改造为抗日政府。双方就过渡政府的具体人选交换了意见，原则上取得一致，但在何时放蒋问题上发生了分歧，谈判无结果。24 日上午，三方举行了第三轮会谈，达成了九条协议，基本上同意张、杨在事变后发出的八条通电，也承认了中共、红军、苏区的合法地位。同日晚，周恩来在宋氏兄妹陪同下去见蒋介石，并说明了中共抗日救国的政策。蒋介石同意中共代表提出的六项主张，但要求不采取签字形式，而是以他的人格担保履行这些协议。25 日，蒋介石在张学良的陪同下返回南京。至此，西安事变和平解决。

西安学生示威游行，逼蒋抗日

西安事变和平解决成为时局转换的枢纽。从此，中国各阶级、阶层、政党、团体、派别终于结束了“兄弟阋于墙”的纷乱局面，走向共御外侮的历程。1937 年 1 月，驻扎在延安、甘泉、富县、洛川的国民党东北军、西北军陆续南撤。1 月 10 日，毛泽东率领中共中央机关离开保安，于 13 日下午到达延安。

·知识链接

课程链接

部编版《中国历史（八年级）》上册《从九一八事变到西安事变》

课外拓展

观看电影《西安事变》。

事件回放

精诚团结谋抗战

九一八事变爆发后，张学良遵照蒋介石的指示，对日寇的侵略行为采取了“不抵抗政策”，致使中国东北三省全部被日本关东军占领，张学良被国人称为“不抵抗将军”。日寇进一步利用清朝废帝溥仪在东北建立伪满洲国傀儡政权，导致中国的民族危机进一步加深，中国进入局部抗日战争阶段。

1935 年 8 月 1 日，中共驻共产国际代表团根据共产国际会议精神，以中华苏维埃共和国中央政府和中共中央名义发表了《为抗日救国告全体同胞书》，提出抗日民族统一战线的基本内容，史称《八一宣言》。

1935 年 9 月，张学良奉蒋介石之命，出任西北“剿匪”总司令部副总司令，代行总司令职权。从 9 月到 11 月，在不足 3 个月的时间里，东北军与红军在劳山、榆林桥、直罗镇的交战中，连续被消灭近 3 个主力师，南京政府不但不给予补充，反而取消了被歼灭部队的番号。这件事深深触动了张学良，他开始通过多种渠道与共产党联络，寻求解国难、报家仇的新出路。鉴于张学良和东北军所处的特殊地位，中国共产党从瓦窑堡会议后就开始了争取东北军的工作。1936 年 4 月 9 日晚，中共派周恩来、李克农、刘鼎为代表，与张学良、王以哲在延安城内天主教堂举行会谈。会谈中，张学良表示完全同意中共“停止内战，一致抗日”的主张，并提出“联蒋抗日”的建议。

1935 年 12 月初，共产党员汪锋带着毛泽东、彭德怀给杨虎城的信到西安与杨虎城联系。杨虎城对毛泽东信中提出的西北大联合、共同抗日的主张表示赞同。1936 年 8 月 26 日，毛泽东的秘书张文彬再次持毛泽东给杨虎城的信由陕北到达西安。9 月上旬，杨虎城会见张文彬，双方达成合作抗日的口头协议。中共中央还在张学良、杨虎城之间进行工作，促使他们团结合作。经过多方努力，张学良、杨虎城开始了日趋密切的合作，初步形成“三位一体”的大联合局面。这为西安事变的和平解决和抗日民族统一战线的建立奠定了基础。

名物疏解

张、杨八项主张

西安事变的当天，即 1936 年 12 月 12 日上午，张学良、杨虎城向全国发出通电，说明发动兵谏的意图，并提出了著名的八项救国政治主张，时称“张、杨八项主张”。其内容为：（一）改组南京政府，容纳各党各派，共同负责救国；（二）停止一切内战；（三）立即释放上海被捕之爱国领袖；（四）释放全国一切政治犯；（五）开放民众爱国运动；（六）保障人民集会结社之政治自由；（七）确实遵行总理遗嘱；（八）立即召开救国会议。

人物档案

张学良

张学良（1901 年 6 月 3 日—2001 年 10 月 14 日），字汉卿，号毅庵，辽宁省盘锦市大洼县（今大洼区）东风镇人。奉系军阀首领张作霖的长子，著名爱国将领。“皇姑屯事件”之后，他继任东北保安军总司令，拒绝日本人的拉拢，坚持东北易帜，为国家统一和民族团结做出了贡献。后任中华民国陆海空军副司令，陆军一级上将。他积极主张抗日，反对内战，同杨虎城将军一起发动了震惊中外的西安事变，促成国共二次合作，结成抗日民族统一战线。西安事变后遭蒋介石父子长期软禁，1990 年恢复自由，1995 年离开台湾，侨居美国夏威夷。

张学良

基地链接

张学良公馆

张学良公馆在西安市建国路69号，建于1932年，是张学良将军及其眷属于1935年10月至1937年3月在西安的住所。1936年12月11日晚，张学良在西楼2楼会议室召集东北军高级将领王以哲、董英斌、黎天才等，宣布次日对蒋介石实行兵谏，进行战略部署，并草拟了八项抗日主张。

公馆以东、中、西三幢三层小楼为主体建筑，另附属有北排平房为承启室、军人接待室和汽车库，南排为食堂和卫士住室，西楼旁为西餐厅，均被作为西安事变纪念馆的一部分加以保护。张学良公馆是第二批全国重点文物保护单位，先后被命名为“全国首批百个爱国主义教育示范基地”和“全国百个红色旅游经典景区”。

张学良公馆

杨虎城公馆

杨虎城公馆又名“止园”，位于西安市青年路中段，建于 1933 年，原名为“紫园”，取“旭日东升，紫气东来”之意。当时陕西省政府参议李元鼎先生觉得这个名字不妥，建议取“止戈为武”“到此为止”之意，更名为“止园”。杨虎城将军接受了这个建议，并将止园作为自己在西安的住所。走进止园看到的是坐北朝南的两进小院，进大门向下走数步就是二门，上嵌有“止园”二字，进二门后两边有厢房，主体建筑为一座青砖黛瓦三层小楼，屋顶飞檐翘角有中国古建筑之风，月台的栏杆和门窗则采用了欧式风格，中西合璧，相得益彰。

杨虎城公馆

华清宫景区

陕西华清宫文化旅游有限公司华清宫景区位于西安城东 30 千米，与“世界第八大奇迹”兵马俑毗邻。周、秦、汉、隋、唐等历代帝王在此建有离宫别苑。因其温泉资源、烽火戏诸侯的历史典故、唐明皇与杨贵妃的爱情故事、“西安事变”发生地而享誉海内外，其中，“骊山晚照”更是著名的“关中八景”之一，被教育部于 2018 年推荐为全国中小学生研学实践教育基地。

西安事变浮雕墙

探究思考

1. 中国共产党在和平解决西安事变中扮演了怎样的角色？促成了当时中国社会时局的哪些变化？

2. 抗战初期，中国军队在正面战场对日寇进行了 24 场大的会战，其余小规模战斗不计其数，你的家乡都发生过哪些抗战故事？有哪些值得传颂的人和事？请记录下来。

□ 陕西军民齐抗战

·讲　述

全面抗战爆发后，中国工农红军改编为国民革命军第八路军。从 1937 年 8 月云阳誓师到 9 月上旬，八路军相继东渡黄河，奔赴华北抗日前线，沿途许多爱国青年投笔从戎，踊跃参军。西安学联和民先队积极抬运、安置从山西战场运抵西安火车站的数千名伤员，为他们擦洗伤口、换药、缝补衣服。原杨虎城部国民革命军第三十八军新部亦开赴华北前线，英勇抗敌。同仁医院罗锦文成立了由 14 名青年医护人员组成的全国第一个志愿上前线的西北青年抗日前线救护队，应朱德、彭德怀之邀开赴晋西北抗战前线。

日军侵占山西后，妄想趁八路军主力东渡黄河之机，从北面、东面进犯陕甘宁边区，打开侵犯陕西的通道。中共中央在延安成立八路军后方留守兵团，

陕西军民誓师抗战

将边区10个保安大队和各县保安队划归留守兵团，建立22.4万余人的各级抗日民众自卫军。从1938年初至1942年4月，进行了大小80余战，粉碎了日军的进攻。

抗战期间，守卫在潼关古城外黄河岸边的驻军

太原失陷后，国民党军委会设立了以蒋鼎文为主任的西安行营，负责神府、宜川、韩城、潼关地区的河防。1938年，经过三次潼关保卫战，使日寇想通过风陵渡染指中国大西北的战略意图彻底落空，只能望河兴叹，对陕西军民进行空袭轰炸，直至抗战结束，日寇终未能踏进陕西一步。

抗战时期，在陕西几乎不到九人就有一人应征参军。全面抗战爆发后，陕西工农商学等各界群众积极行动起来，开展“反侵略宣传周运动”“捐献一日所得运动”“募集钢丝麻袋运动”，全力支援前方抗日将士。

陕西工商业界坚持生产，保障军需民用，支援抗战前线。从上海迁到宝鸡的荣氏企业申新纺织四厂每年纺织棉布12万至16万匹，还专门设立被服厂制成军装，运往前线。著名实业家韩威西、薛道五、窦荫三、吴子实等人于1937年创办的西北化学制药厂，能生产500余种药品。该厂附设的西北高级药科职业学校，先后为抗战培训医药专业人员100余名。

日军轰炸洛川

据不完全统计，全面抗战时期陕甘宁边区先后动员了3万多名青年参军，占到县、市总人口的10%；陕甘宁边区缴纳救国公粮100多万石，支援

大华纱厂位于太华南路。1935 年，由当时中国纺织大王石凤翔所建，是国军军需厂，抗战期间，曾遭日军多次轰炸

前线 154 万多人次，组织 150 多万匹牲畜运送物资，做军鞋 20 多万双。在抗战中，陕西军民谱写了一曲曲爱国主义的壮丽凯歌，为夺取抗战胜利做出了巨大的贡献。

·知识链接

课程链接

部编版《中国历史（八年级）》上册《七七事变与全民族抗战》

人教版高中《历史（必修 1）》中的《抗日战争》

课外拓展

观看纪录片《陕西抗战纪实》。

事件回放

洛川会议

洛川会议旧址

1937年抗日战争全面爆发。面对新的形势，中国共产党如何发动民众参加抗日战争，如何处理和国民党的关系，成为亟待解决的重大问题。1937年8月22日至25日，中共中央在陕北洛川冯家村举行的中央政治局扩大会议，史称洛川会议。会议通过了《关于目前形势与党的任务的决定》，还根据毛泽东的提议，通过了《抗日救国十大纲领》。

洛川会议是中国共产党在历史转折关头召开的一次重要会议，它制定了中国共产党的全面抗战路线。这次会议确立了共产党领导的抗日武装力量在敌后放手发动群众，独立自主地开展游击战争，利用游击战争配合正面战场，开辟敌后战场，建立敌后抗日根据地的战略任务，为实现中国共产党对抗日战争的领导权和为争取抗日战争的胜利奠定了政治思想基础，指明了正确道路。

名物疏解

抗日救国十大纲领

在洛川会议上，由毛泽东提议并通过《抗日救国十大纲领》:（一）打倒日本帝国主义；（二）全国军事总动员；（三）全国人民总动员；（四）改革政治机构；（五）实行抗日的外交政策；（六）实行为战时服务的财政经济政策；（七）改良人民生活；（八）实行抗日的教育政策；（九）肃清汉奸卖国贼亲日派，巩固后方；（十）实现抗日的民族团结。这个纲领全面地概括了中共在抗日战争时期的基本政治主张，是共产党全面抗战路线的具体化，给全国人民指明了争取抗战最后胜利的道路。这也是我党历史上第一次提出建立廉洁政府的施政纲领，对于我党的廉洁政治建设具有重要的意义。

安吴青训班

安吴青训班是抗日战争初期中共中央青年工作委员会（初为中央青年部）为适应抗战需要和广大爱国青年抗日救国要求，由西北青救会在国统区泾阳安吴堡创办的一所战时青年干部学校，其前身是战时青年短期训练班。1937 年 10 月创办至 1940 年 4 月迁至延安，历时两年半，共举办 14 期，培训学员 1.2 万余名。这些学员结业后从事军事、政治、民众运动等各条战线的抗日救亡工作。其间，毛泽东曾题词勉励青训班学员："必须亲身参加革命斗争，从最下层工作做起。"

人物档案

赵寿山

赵寿山（1894 年—1965 年 6 月 20 日），原名生龄，字杜亭，陕西户县（今西安市鄠邑区）人。十七路军重要爱国将领，曾任三十八军军长。抗战期间，驻守中条山两年半之久，日军称中条山是他们侵华的“盲肠”，第二战区司令长官卫立煌称三十八军为中条山的“铁柱子”。后加入中国共产党，解放战争期间，先后任西北野战军、第一野战军副司令员等职，协助彭德怀解放大西北。中华人民共和国成立后，曾任陕西省省长等职。

关麟征

关麟征（1905 年 4 月 7 日—1980 年 8 月 1 日），原名志道，字雨东，陕西户县人。黄埔军校第一期毕业，一生戎马倥偬、南征北战。卢沟桥事变后，关麟征升任新组建的第五十二军军长，在台儿庄战役、武汉会战中发挥了重要的作用。1949 年任国民党陆军总司令，后居香港。

孙蔚如

孙蔚如（1896 年 1 月 31 日—1979 年 7 月 27 日），西安灞桥人。毕业于陕西陆军测量学校，从靖国军时期就一直追随杨虎城，为十七路军重要将领。西安事变后，杨虎城被迫出国，所部由孙蔚如统领。1937 年春接任陕西省政府主席，兼三十八军军长。抗战全面爆发后历任三十八军军长、第三十一军团军团长、第四集团军总司令，曾指挥过著名的中条山保卫战。中华人民共和国成立后，曾任陕西省副省长。

赵寿山

关麟征

孙蔚如

基地链接

洛川会议纪念馆

洛川会议纪念馆位于洛川县城永乡乡冯家村。1937年8月22日至25日，中共中央在这里召开了著名的“洛川会议”。会议上毛泽东代表政治局做了关于军事问题和国共两党关系问题的报告，制定通过了《中共中央关于目前形势与党的任务的决定》和《抗日救国十大纲领》。重新组成了十一人的中央革命军事委员会，发布了将红军改编为八路军的命令等。洛川会议是我党历史上一次具有重大转折意义的会议。会议制定的各项路线、方针、政策，对中国人民最终打败日本侵略者，实现民族独立具有重大历史作用。

洛川会议纪念馆

八路军西安办事处纪念馆

八路军西安办事处纪念馆位于陕西西安市北新街七贤庄1号。1959年，西安市人民政府在办事处原址上建立“八路军西安办事处纪念馆”并正式开放，叶剑英亲笔题写了馆名。纪念馆开辟了陈列室，陈列着当年的文件、证章、电台、刊物、新闻图片，以及烈士手稿遗物、照片等革命历史文物，生动地展现了办事处成立的经过、历史任务，以及办事处同志们的工作学习、与敌人英勇机智斗争的情景，是对广大人民进行爱国主义和革命传统教育的生动课堂。

八路军西安办事处旧址

安吴青年训练班纪念馆

安吴青年训练班纪念馆位于陕西泾阳县安吴镇安吴堡村。安吴青训班是在中共中央青年工作委员会领导下，以西北青年救国联合会的名义，在当时的国民党统治区陕西省泾阳县安吴堡举办的培训青年干部的重要场所。它是抗日青年的旗帜、革命青年的熔炉、中国青运史上的丰碑。朱德曾为青训班题词：“学好本领上前线！”安吴青年训练班纪念馆现存吴氏庄园、教务处驻地望月楼、集会场所迎祥宫、露天课堂吴氏陵园（柏树林），另建有安吴青训班史迹陈列

安吴青年训练班纪念馆

室。景点集古建遗迹、革命旧址和国学大师吴宓故里为一体。2018 年，入选全国中小学生研学实践教育基地。

探究思考

1. 请谈谈你对“好战必亡，忘战必危”这则古训的理解。

2. 你还知道哪些关于抗战的故事？

□ 红歌嘹亮

·讲 述

抗日战争爆发后的延安，像一块巨大的磁石，吸引着越来越多的文艺人才汇聚到这里。著名作家丁玲历尽千辛万苦第一个来到延安，随后大批小说家、报告文学家、诗人、音乐家等文艺界人士先后来到延安。如此一群激情澎湃的文艺才俊，创作出了不少洋溢着革命热情的好作品，大大推动了延安和陕甘宁边区文艺事业的繁荣和发展，使延安文艺呈现出崭新面貌。

“风在吼，马在叫，黄河在咆哮，黄河在咆哮……”诞生于1939年的《黄河大合唱》，以磅礴的气势展现了全面抗战时期中国人民英勇投身于民族解放

1939年5月，冼星海指挥鲁艺师生排练《黄河大合唱》

的斗争精神，谱写了一幅波澜壮阔的抗日图景。

这首歌的曲作者冼星海，自幼酷爱音乐。1929 年，冼星海赴法国巴黎学习作曲。抗战爆发后，已经回国的冼星海积极投身抗日救亡运动，创作了《救国军歌》《到敌人后方去》《在太行山上》等大量革命歌曲。

1938 年 9 月，冼星海收到延安鲁迅艺术学院副院长沙可夫和音乐系全体师生签名信，热情邀请他前往延安鲁艺担任音乐系主任。在周恩来的安排下，冼星海携夫人钱韵玲于 1938 年 11 月初抵达延安，开始在鲁艺任教。

诗人光未然曾与冼星海进行过多次合作，为他创作歌词。1939 年 1 月，光未然把冼星海与抗敌演剧三队的同志们请到他居住的窑洞里，在一盏昏暗的油灯旁，年轻的诗人用低沉的声音朗诵了《黄河船夫曲》《黄河颂》《黄河之水天上来》《黄水谣》等作品。诗人的激情感染着窑洞里的每一个人，在诵咏声戛然而止的瞬间，冼星海突然有了创作的灵感，他立刻奔回到自己居住的土窑洞，开始夜以继日地谱曲创作。他完全进入了一种难以抑制的兴奋状态，长时间不休息，偶尔躺到床上抱头沉吟一会儿，很快又从床上猛然蹿起，继续谱曲。据时为延安保育院的赵战生老先生回忆，冼星海在创作《黄河大合唱》的那段时间，条件非常艰苦，他夜以继日地创作，因为他留过洋，有喝咖啡的习惯，但延安没有咖啡，他就把豆子烤干磨成粉来喝。经过六个昼夜，冼星海呕心沥血，终于完成了《黄河大合唱》的全部曲谱。这部作品分为八个乐章，以黄河为中华民族的精神象征，热情讴歌了中华民族坚贞不屈、顽强抗争的英雄气概。在冼星海看来，《黄河大合唱》直接配合抗战形势，充满写实、愤恨、悲壮的情绪，歌词本身已描写出了伟大黄河的历史。

在冼星海完成全部曲谱的十几天后，《黄河大合唱》在位于延安的陕北公学礼堂进行了首演，获得巨大成功。由于这首曲子振奋人心又朗朗上口，当时在延安人人都会唱，山头上、田地间经常飘荡着这支旋律。

1939 年 5 月 11 日，在庆祝鲁艺成立一周年的音乐晚会上，冼星海指挥 100 多人组成的合唱团，演唱《黄河大合唱》。刚一唱完，毛泽东就连声称赞：“好！好！好！”当晚，冼星海在日记中写道：“今晚的音乐会可是中国空前的音乐会，我永远不能忘记今天的情形。”不久，回到延安的周恩来为冼星海题词：

"为抗战发出怒吼，为大众谱出心声！"从此，《黄河大合唱》从延安传遍全中国，传向世界，成为激励中华儿女取得民族解放战争胜利的精神力量。

《黄河大合唱》作为一部在中华民族生死存亡的关键时刻诞生的伟大艺术作品，是中华文化的里程碑，激励了一代又一代的中华儿女。即使在今天，每当音乐响起，依然能凝聚人心，鼓舞斗志。

·知识链接

课程链接

人教版《语文（七年级）》下册《黄河颂》

部编版《中国历史（八年级）》上册《敌后战场的抗战》

课外拓展

观看电影《南泥湾》，聆听《黄河大合唱》《军民大生产》《南泥湾》《绣金匾》《山丹丹开花红艳艳》等革命歌曲。

事件回放

延安文艺座谈会的召开

在全面抗战和解放战争初期，延安曾是中共中央所在地，中国人民解放斗争的总后方，召唤、培养出了一大批在当时最具先进文化代表性的作家和艺术家，在20世纪的中国文艺史上占有极其重要的地位。20世纪三四十年代，成千上万的爱国青年和文艺工作者带着投身革命的热情，冲破重重艰难险阻，从全国各地甚至是海外奔赴延安：鲁迅先生身边的一些革命文艺工作者、瑞金中

1938 年 5 月，毛泽东在延安鲁迅艺术学院做报告

华苏维埃的文艺队伍以及东北作家群奔赴延安；冼星海、张光年、贺敬之等从武汉赶赴延安；在法国留学的艾青、陈学昭也来到延安……那是一个革命的、开放的、多维的文艺时代，无数的仁人志士、文艺青年带着对革命的热情来到延安，谱写出绚丽的时代华章。没有奔腾的黄河，就没有《黄河大合唱》；没有陕北民歌“信天游”，就没有民歌体叙事长诗《王贵与李香香》。延安时期，歌颂大生产运动的《南泥湾》《兄妹开荒》以及农民诗人杨万福的《万丈高楼平地起》、汪庭有的《绣金匾》都是红色经典曲目，广为流传，并传唱至今。

1942 年，毛泽东在杨家岭面对文艺工作者发表《在延安文艺座谈会上的讲话》，指出“社会是一切文学艺术取之不尽、用之不竭的唯一的源泉”，文艺要为人民服务，要深入到人民生活中。文艺工作者们遵循《讲话》精神，自觉地深入到边区各地，与工农兵打成一片，创作出一大批优秀的作品，如贺敬之的《白毛女》，马健翎的《血泪仇》，马烽、西戎的《吕梁英雄传》，欧阳山的《高干大》、柳青的《种谷记》等。这一时期的文艺作品用革命的人生观作为指导思想，以群众的斗争生活为表现对象，同时注重在精雅文化、民间文化、地域文化中汲取营养，并使之结合。中华人民共和国成立后，陕西文学继承了延安文学的精神，紧跟党的方针、路线、政策。杜鹏程的《保卫延安》、李若冰的《柴达木手记》、王汶石的《风雪之夜》、柳青的《创业史》，还有魏钢焰的诗歌，都是讴歌社会主义革命和建设的力作，与《讲话》精神一脉相承的作品。

就这样，延安新文艺运动，从陕北的窑洞里逐渐走向各个抗日根据地，再走向全国，奠定了新中国文艺事业的基础。

名物疏解

延安文艺座谈会

延安文艺座谈会是指中共中央于 1942 年 5 月在延安召开的文艺座谈会。毛泽东主持会议并发表讲话，即《在延安文艺座谈会上的讲话》。座谈会结束后，毛泽东又号召鲁艺师生走出“小鲁艺”，到“大鲁艺”（指广阔的社会生活）中去。此后各抗日根据地遵照这次座谈会制定的文艺方针，全面开展了文艺整风运动，推动了根据地文艺事业的发展，涌现出了歌颂大生产运动的《兄妹开荒》《军民大生产》《南泥湾》等作品，也涌现出民间歌手创作的《东方红》《绣金匾》《高楼万丈平地起》等广为传唱的作品。

延安文艺座谈会代表合影

人物档案

丁　玲

丁玲(1904年10月12日—1986年3月4日),原名蒋伟,字冰之。1936年11月,丁玲到达陕北保安,是第一个到达西北革命根据地的文化人。丁玲的到来,给陕甘宁抗日根据地原本力量薄弱的文艺运动增添了新鲜的血液。“昨日文小姐,今日武将军”,毛泽东曾这样高度评价她。

丁玲

全面抗战爆发后,丁玲为了扩大抗日宣传,筹划组织了以抗大文艺青年为骨干的综合性文艺团体——西北战地服务团。丁玲带领西战团奔赴潼关、西安等地,进行宣传演出和慰问活动,鼓舞抗战士气。

丁玲的代表著作有小说《梦珂》,长篇小说《太阳照在桑干河上》《莎菲女士的日记》,短篇小说集《在黑暗中》等。

基地链接

延安鲁迅艺术学院

鲁迅艺术学院是抗日战争时期中国共产党为培养抗战文艺人才而创办的一所综合性文学艺术学校,1940年后更名为“鲁迅艺术文学院”,简称“鲁艺”。

1938年4月10日,鲁迅艺术学院在陕西延安成立,这是中国共产党在延安创办的第一所培养抗战文艺干部的高等学府。毛泽东为鲁艺题写了校训:紧张、严肃、刻苦、虚心,并题词“抗日的现实主义,革命的浪漫主义”。鲁艺的教育方针是:团结与培养文学艺术的专门人才,致力于新民主主义的文学艺术事业。1939年夏,中共中央为加强华北敌后文化工作及文艺干部的培养,派

1938 年 4 月 28 日，毛泽东在鲁艺的窑洞前空地上对全体师生做重要讲话

桥儿沟鲁艺校门口

鲁迅艺术文学院旧址

沙可夫等人率领鲁艺部分干部奔赴晋察冀抗日根据地，联合陕北公学等校创办华北联合大学。11月，根据中央的决定，留在延安的鲁艺部分师生恢复鲁艺。1943年4月，鲁艺并入延安大学，组建延安大学文艺学院。1945年抗战胜利后，鲁艺迁往东北。在延安7年半的时间里，鲁艺开办了文学、戏剧、音乐、美术等系，培养学生685人。鲁艺还创作了诸如《白毛女》《南泥湾》《黄河大合唱》等一大批极富影响力的作品，活跃了敌后抗日根据地军民的文化生活，振奋了中国军民的抗战热情，为抗日战争的胜利做出了积极贡献，并对中国现代文学艺术产生了深远的影响。

桥儿沟鲁艺旧址，即中共六届六中全会旧址，已被公布为全国重点文物保护单位。该旧址现存教堂一座，即鲁艺礼堂，这是当时延安唯一的西方罗马式建筑。鲁艺各系及工作人员住过的石窑洞52孔、瓦房15间。

探究思考

1. 学唱《黄河大合唱》《山丹丹开花红艳艳》，了解其背后的革命故事。

2. 延安新文艺运动中有哪些文学作品？和大家分享一部你最喜欢的作品。

□ 中共七大

·讲　述

进入 1945 年后，日军在华战线全面收缩，处于敌后战场和正面战场的包围之中。1945 年 4 月，在世界反法西斯战争和中国人民抗日战争即将取得胜利的前夜，在中国面临着两种前途、两种命运斗争的关键时刻，中国共产党召开了第七次全国代表大会。这次大会的主要任务是组织和保障全中国人民取得抗战的最后胜利，建立一个新民主主义的中国。

1945 年 4 月 23 日，在延安杨家岭中央大礼堂，中国共产党第七次全国代

中共七大会场

1945 年 4 月 24 日，毛泽东在七大做《论联合政府》的政治报告

表大会开幕式的主席台上，悬挂着毛泽东和朱德的巨幅画像，鲜艳的党旗挂在两边。会场后面的墙上，挂着“同心同德”四个大字。两侧墙上张贴着“坚持真理”“修正错误”等标语，靠墙边插着 24 面红旗，象征着中国共产党 24 年的奋斗历程。插红旗的“V”字形木座是革命胜利的标志，是英文胜利的手势。在主席台的正上方，悬挂着一条引人注目的横幅——在毛泽东的旗帜下胜利前进！

在庄严的《国际歌》声中，大会秘书长任弼时宣布中国共产党第七次全国代表大会开幕，毛泽东以《两个中国之命运》为题致了开幕词。他指出：“在中国人民面前摆着两条道路，光明的路和黑暗的路；有两种中国之命运，光明的中国之命运和黑暗的中国之命运。我们的任务不是别的，就是放手发动群众，壮大人民力量，团结全国一切可以团结的力量，在我们党领导之下，为着打败日本侵略者，建设一个光明的新中国，建设一个独立的、自由的、民主的、统一的、富强的新中国而奋斗。我们应当用全力去争取光明的前途和光明的命运。”

大会充分发扬民主精神，对重要报告进行了认真深入的讨论，尤其对毛泽东的报告《论联合政府》，先后讨论修改达 9 次之多。七大原定会期较短，大会开始后，代表们纷纷要求延长，大会发言

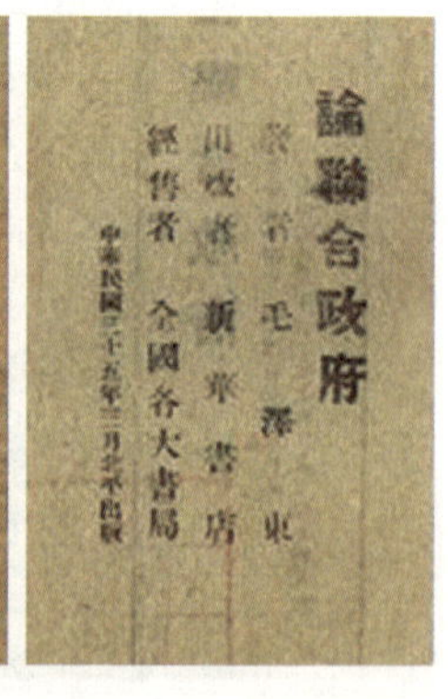

《论联合政府》

人数也突破了原定人数，先后有 14 人在大会上发了言。党的七大的一个重要贡献就是第一次明确地把毛泽东思想确立为全党的指导思想，并庄严地写入党章。七大的一个重大历史功绩就是确定了党的政治路线：放手发动群众，壮大人民力量，在中国共产党的领导下，打败日本侵略者，解放全国人民，建立一个新民主主义的中国。毛泽东指出："没有中国共产党的努力，没有中国共产党人做中国人民的中流砥柱，中国的独立和解放是不可能的，中国的工业化和农业近代化也是不可能的。"为此，毛泽东号召全党要发扬理论和实践相结合，与人民群众紧密地联系在一起，开展批评与自我批评，成为中国共产党的三大工作作风。大会选举产生了以毛泽东为首的新的中央委员会。大会后，代表们分赴各个战场，宣传七大路线，为夺取抗日战争的最后胜利准备最后一战。

1945 年 6 月 11 日，大会举行隆重的闭幕式。毛泽东在闭幕词中向全党发出了鼓舞人心的号召："下定决心，不怕牺牲，排除万难，去争取胜利。"毛泽东的这篇闭幕词，会后经整理修改，以《愚公移山》为题，收入《毛泽东选集》第三卷，成为马列主义、毛泽东思想的经典之作。

中共七大是中共在新民主主义革命时期举行的最重要的一次代表大会，以"团结的大会，胜利的大会"载入中共的史册。这次大会制定了正确的纲领和策略，实现了思想上、政治上和组织上的空前团结统一，为争取抗日战争的胜利和新民主主义革命在全国的胜利提供了可靠的保证。

· 知识链接

课程链接

人教版高中《历史（必修 3）》中的《毛泽东思想》

人教版高中《历史（选修 4）》中的《新中国的缔造者——毛泽东》

课外拓展

观看纪录片《红星照耀中国——中共七大》、电视剧《解放》相关片段，阅读《为新中国奠基：中共七大纪事》(李蓉著)。

事件回放

两种命运的大搏斗

1945年,正是世界反法西斯战争和中国的抗日战争取得最后胜利的关键时刻。在这一年，中国共产党和中国国民党，这两个足以影响中国前途的政党，几乎在同一时期，各自召开了全国代表大会。这是事关中国命运走向的两个大会。

抗战后期，日本失败已成定局。1943年3月，蒋介石公开发行了《中国之命运》的小册子，声称中国以前的命运在“外交”，而今后的命运在于“内政”，要在两年之中解决“内政统一”问题；同时宣称只有国民党及其“三民主义”才能拯救中国。蒋介石把自己和自己领导的国民党说成是中国命运的决定者，其真正目的是要消灭共产党领导下的革命力量。面对这种反共言论，中国共产党人立即予以反击，在《解放日报》上连续发表文章，批判蒋介石的法西斯主义论调。

《中国之命运》的发表，标志着国民党蒋介石在为发动内战做舆论准备。它坚持“一个党”“一个主义”“一个领袖”的独裁理论，把社会各阶层推向自己的反面，使自己越来越孤立。中共的第七次全国代表大会和国民党的第六次全国代表大会，就是在这种背景下于两年后分别在延安和重庆召开。

在中共七大召开的同时，1945年5月5日至21日，国民党第六次全国代表大会在重庆浮图关中央干校召开，大会的中心议题就是决定继续坚持国民党“一党专制”的独裁统治和动员国民党全党力量，准备发动反共内战，加紧抢夺抗战的胜利果实。会议选举蒋介石为总裁，可以按个人手令裁夺全国党、政、军、财等一切事务。在会上，蒋介石还摆出一副“还政于民”的姿态，宣布实施宪政，实际上是想假借民意以“合法”地实行独裁统治。两个完全不同的大会，两条完全不同的抗战路线，预示着国共双方战后的前景。解放战争的胜利，证明了中共七大路线的预见性和正确性。而国民党所坚持的独裁，以及因独裁而引起的内战和腐败，最终葬送了自己。

名物疏解

毛泽东思想

1938 年春，毛泽东在延安窑洞撰写《论持久战》

毛泽东思想是马克思列宁主义基本原理和中国革命具体实际相结合的产物，是中国共产党人集体智慧的结晶，是由毛泽东倡导并在二十世纪中国革命中大范围实践的一种政治、军事、发展理论。毛泽东思想是中国共产党能够取得新民主主义革命、抗日战争、解放战争胜利，建立中华人民共和国的重要理论。毛泽东思想的灵魂是贯穿于各个理论的立场、观点和方法，即实事求是、群众路线、独立自主。毛泽东思想是在中国共产党领导的中国革命与建设的实践中逐步形成和发展的。毛泽东思想是马克思主义中国化第一次历史性飞跃的理论成果，是中国共产党和中国人民历尽艰辛获得的宝贵的精神财富，是中国革命和建设的科学指南，是中华民族的精神支柱。

延安精神

延安精神是中国共产党人在马克思主义思想指导下，在长期的血与火斗争中形成的，是对中华民族优良传统文化的继承和发展，是我们党的性质和宗旨的集中体现。延安精神博大精深、内容丰富，其精髓和基本点是：坚定正确的政治方向，实事求是的思想路线，全心全意为人民服务的根本宗旨，自力更生、艰苦奋斗的创业精神。毛泽东等老一辈无产阶级革命家，在延安倡导、培育了延安精神，延安军民依靠延安精神战胜了各种困难和艰难险阻，取得了一个又一个的伟大胜利。延安精神是中国共产党执政兴国的根本保证，延安精神是中国共产党的传家宝、压舱石。

人物档案

张闻天

张闻天（1900 年 8 月 30 日—1976 年 7 月 1 日），化名洛甫，上海南汇人。杰出的无产阶级革命家、政治家和理论家。中国共产党的重要领导人之一。曾任中共中央政治局委员、中央书记处书记。在遵义会议上拥护毛泽东的正确主张，被推举为中共中央总负责人（总书记）。七届一中全会当选中央政治局候补委员。中华人民共和国成立后曾任外交部副部长等职。

张闻天

基地链接

杨家岭革命旧址

杨家岭革命旧址为 1938 年 11 月至 1947 年 3 月中共中央驻地，位于延安城西北 2 千米处。对外开放了杨家岭毛主席的菜园、杨家岭毛主席旧居、中央大礼堂、杨家岭中央会议厅旧址、杨家岭中央招待所等场所。毛泽东在这里写有《中国革命和中国共产党》《新民主主义论》《在延安文艺座谈会上的讲话》等多篇重要文章。1945 年在此召开了中共六届七中全会，通过了《关于若干

杨家岭革命旧址

历史问题的决议》。1945 年 4 月 23 日，中国共产党第七次全国代表大会也在此处召开。

枣园革命旧址

枣园革命旧址位于延安城西北 8 千米处，是一个园林式的革命纪念地。1944 年至 1947 年 3 月，中共中央书记处由杨家岭迁驻此地，在此处筹备了中共七大。枣园又名延园，院内树木葱郁、绿草如茵。中央书记处礼堂坐落在园林中央，在枣园内还分布着毛泽东、朱德、周恩来、刘少奇、任弼时、张闻天、彭德怀等中央领导人的旧居。后沟西山下是毛泽东发表《为人民服务》的演讲台。1939 年中央社会部在枣园办公，1944 年迁往村西，往西 3 千米处是中央军委三局旧址、展览馆及中央军委三局烈士陵园。

枣园革命旧址

探究思考

1. 想一想毛泽东思想是如何确立的。

2. 谈一谈你所理解的延安精神。

解放陕西

□ 转战陕北

·讲 述

转战中的毛泽东

1946 年 6 月,蒋介石集团公然撕毁停战协定,发动全面内战,在全面进攻失利后,于 1947 年 3 月,向陕北解放区和山东解放区发起了重点进攻。

1947 年,胡宗南按照蒋介石重点进攻的命令,率部 14 万人进犯陕北解放区。3 月 18 日晚,西北野战兵团在彭德怀、习仲勋的指挥下,经过七天七夜的延安保卫战。在国民党军进攻延安已清晰可闻的枪炮声中,毛泽东、周恩来依依不舍地告别了居住了十多年的延安,开始了转战陕北的伟大历程。临行前,毛泽东对前来送行的西北野战兵团的领导讲道:“我军打仗,不在一城一地的得失,而在于消灭敌人的有生力量。存人失地,人地皆存;存地失人,人地皆失。我们要以一个延安换取全中国。”3 月 19 日上午,西北野战兵团主动放弃延安。当天下午,国民党军胡宗南部进入延安,“占领”了一座空城。

西北野战兵团撤离延安后,按照中央军委和毛泽东制定的“蘑菇战术”,依靠陕北优越的群众条件和有利地形,与比自己多达十倍的胡宗南、马步芳、马鸿逵、邓宝珊的20多万军队在陕北高原周旋，不断地调动敌人，使其始终无法准确获知中共中央和人民解放军主力的位置，而不得不往返奔波，疲于奔命。西北野战兵团则抓住有利时机和地形连续进行了青化砭、羊马河、蟠龙三次战役，共歼灭胡宗南部1.4万余人。以毛泽东为首的中央前委、中央军委坚持转战在陕北与敌周旋，虽然物资供给极端艰苦，环境极其险恶，但极大地鼓舞了全国各解放区军民的斗争意志和胜利信心。

4月12日至6月8日，毛泽东、中央前委在陕北安塞王家湾停留56天，酝酿形成了新的全国战略部署。其间，毛泽东连电前方各战场，要求各解放区在内线大量歼灭敌人的有生力量，粉碎国民党军的重点进攻，并准备转入战略进攻，将战场引向国统区，从根本上动摇国民党蒋介石的反动统治。遵照党中央的部署，5月中旬，华东野战军取得孟良崮战役的胜利。6月30日夜，刘邓大军突破黄河天险，发起鲁西南战役，千里跃进大别山，揭开了人民解放军战略进攻的序幕。8月，西北野战军连续作战5个月，胜利粉碎敌人对陕北解放区的重点进攻。1948年3月23日，毛泽东、周恩来、任弼时率中共中央、中央军委从吴堡县川口东渡黄河，前往河北平山西柏坡。1948年4月21日，人民解放军收复延安。

中共中央从1947年3月18日离开延安到1948年3月23日东渡黄河，毛泽东、中共中央、中央军委转战陕北一年零五天，途经安塞、靖边、榆林、佳县、米脂、吴堡、绥德、清涧、延川、子长等12个县，住过38个地方，行程1000多千米，创造了一个又一个奇迹。

1948年3月23日，毛主席率领战士东渡黄河上岸

·知识链接

课程链接

部编版《中国历史（八年级）》上册《内战爆发》

人教版高中《历史（必修 1）》中的《解放战争》

课外拓展

观看电视剧《转战陕北》《保卫延安》相关片段，阅读《红色延安口述·历史：转战陕北》（刘卫平编）。

事件回放

横山起义纪念碑

横山起义

解放战争初期，为了扩大边区北部的回旋余地，中共中央西北局书记习仲勋遵照毛泽东指示组织北线战役，策动了横山起义，一举解放了无定河以南 2 万多平方千米的土地，缓解了国民党陕北驻军对陕甘宁边区的威胁，扩大了边区军民的回旋余地。

1946 年 6 月，国民党蒋介石集团向中原解放区发动进攻，挑起全面内战，并积极准备向中共中央所在地陕甘宁边区发起重点进攻。当时的陕甘宁边区南面有胡宗

中共中央西北局领导习仲勋接见横山起义人员

南统领的 20 多万大军，西面驻有马鸿逵两个骑兵师，北面有国民党第十二战区晋陕绥边总部所属的二十二军和保安指挥部第九团。面对三面被包围的态势，党中央和毛泽东的基本战略思考是，必须先解决来自边区北面的威胁，然后集中全力对付胡宗南部。为此，毛泽东指示西北局集中精力组织北线战役，策动横山起义，解放榆横地区，以获得较大的回旋余地，以便对付胡宗南的进攻。按照毛泽东指示，“保卫延安、保卫边区必须加强统战工作，争取榆林地区国民党部队起义，以扩大保卫延安的战场。”

随后，西北局制订了北线作战计划，周密细致地组织部署了争取胡景铎起义的工作。习仲勋先后派师源、范明、曹力如等前往横山、榆林对国民党陕北保安指挥部副指挥官胡景铎及其侄子胡希仲进行统战工作，此二人皆与习仲勋为同乡、同学关系。经过联系，胡景铎同意发动起义，并加入了共产党。

1946 年 10 月 13 日，胡景铎率八十六师、新编十一旅及保安九团等部分官兵 2000 余人，在陕甘宁晋绥联防军的配合下，分别从石湾镇、高镇、波罗堡、海流兔庙发动起义，又迫使临近边区守军相继起义，使起义官兵达 5000 余人。胡景铎起义后，其部队改编为西北民主联军骑兵第六师，师长胡景铎，政治部主任范明。

横山起义时西北局驻地旧址

横山起义为解放战争中党在国民党军队中组织起义提供了成功经验，对于西北地区其他国民党军队起义、投诚产生了一定的影响，毛泽东评价胡景铎起义是“给西北的旧军队指出了一条光明大道”。

名物疏解

小河会议

中共中央在转战陕北的过程中，为讨论 1948 年作战的基本方针，部署各地区在战略进攻中的协同配合问题，于 1947 年 7 月 21 日至 23 日在陕北靖边县小河村召开的扩大会议，史称“小河会议”。小河会议是解放战争处于转折关头的一次重要会议。这次会议认真分析了战场形势，总结了作战经验，并根据战局的变化，调整了战略部署，形成“中央突破，两翼牵制，三军挺进，互为犄角”的战略进攻态势。对于解放军由战略防御转入战略进攻，迅速将战争引向国民党统治区有着重要战略意义。

中国人民解放军宣言

1947年10月10日，毛泽东在佳县神泉堡为中国人民解放军总部起草了《中国人民解放军宣言》。1947年7月，中国人民解放军主力转入外线作战，由战略防御转入战略进攻。为了动员全党、全军和全国人民加倍努力夺取解放战争的全面胜利，《宣言》分析了当时的国内政治形势，提出了“打倒蒋介石，解放全中国”的口号，重申了中国人民解放军的作战目的是“为了中国人民和中华民族的解放”，并提出组成民族统一战线，打倒蒋介石独裁政府，成立民主联合政府；惩办内战罪犯；实行人民民主制度；肃清贪官污吏，建立廉洁政治；没收官僚资本，发展民族工商业；废除封建剥削，实行耕者有其田的制度；承认各少数民族有平等自治的权利；废除一切卖国条约等八项基本政策。《宣言》概括了中国共产党在新民主主义革命历史阶段的基本任务和奋斗目标，反映了全国人民的愿望。

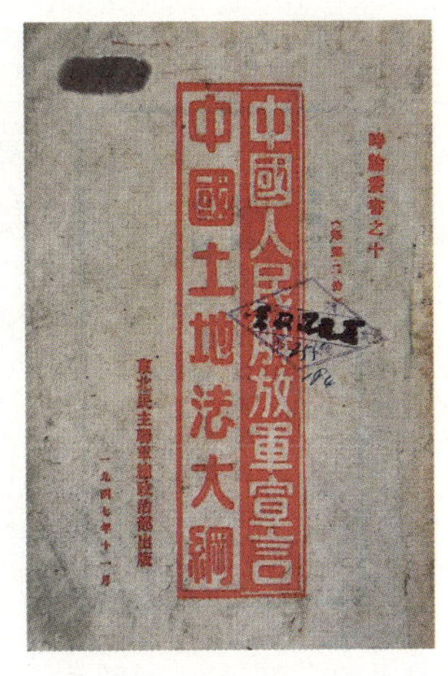

《中国人民解放军宣言》

人物档案

任弼时

任弼时(1904年4月30日—1950年10月27日)，原名培国，湖南汨罗人。伟大的马克思主义者，无产阶级革命家、政治家、组织家，中共中央主要领导人之一。曾任中央政治局委员、红二方面军政委、八路军政治部主任、中共中央秘书长。中共七届一中全会上当选中央政治局委员、书记处书记等职。被叶剑英誉为党的“骆驼”。

任弼时

张宗逊

张宗逊

张宗逊（1908 年 2 月 7 日—1998 年 9 月 14 日），陕西渭南人。1926 年考入黄埔军校并转为中共党员。同年 9 月，参加毛泽东领导的湘赣边界秋收起义。曾任红十二军军长、红军大学校长兼政委，八路军一二〇师三五八旅旅长。1943 年率部开赴延安，保卫边区。1947 年后曾任陕甘宁野战集团军司令员、西北野战兵团副司令员、西北野战军第一野战军副司令员等职。中华人民共和国成立后曾任解放军总后勤部部长等职。1955 年被授予上将军衔。

基地链接

王家湾革命旧址

王家湾革命旧址位于延安市安塞县（今安塞区）王家湾乡王家湾村。1947 年，中共中央机关和毛泽东、周恩来、任弼时转战陕北期间，在此居住。在战事紧张、国民党追兵日渐迫近的危急关头，毛泽东临危不惧，在此处撰写了《关于西北战场的作战方针》和《蒋介石政府已处在全民的包围中》等文章。其间，中共中央先后就中央城市工作部的任务，开辟国民党统治区第二战场，开展反内战、反迫害、反饥饿的群众运动等问题做出重要指示，

王家湾革命旧址

还领导西北野战军取得了羊马河战役和蟠龙战役的胜利。

小河会议旧址

小河会议旧址位于榆林市靖边县小河村，包括中共中央扩大会议（小河会议）旧址、毛泽东旧居、旮旯沟会议旧址、小河会议纪念馆等场所。“小河会议”是解放战争处于转折关头的一次重要会议。1947 年 6 月 8 日至 9 日、6 月 17 日至 8 月 1 日，毛泽东等中共领导人在此居住了 47 个日夜。

小河会议旧址

杨家沟革命旧址

杨家沟革命旧址位于陕西省米脂县城东 20 千米的杨家沟扶风寨。现保存较好的革命旧址有：毛泽东、周恩来、张闻天、任弼时、胡乔木、陆定一、叶剑英、彭德怀、杨尚昆、习仲勋等老一辈无产阶级革命家旧居，中共中央十二月会议旧址、西北野战军高级干部军事会议旧址等，中共中央政治部、情报

杨家沟革命旧址

局、新华社、广播电台、解放日报社、西北局、战地医院、供销科、保卫科、后勤处、参谋部等重要革命旧址。

探究思考

1. 请思考西北野战军以少胜多的真正原因。

2. 毛泽东留在陕北与胡宗南部周旋对于推进解放战争进程有着怎样的积极意义?

□ 解放西安

·讲 述

解放战争后期，古都西安未经战火破坏而得以完整保存，实为幸事一件。但很少有人知道，竟然是因为国民党军的一次错误军事情报，古城才免去一劫。

蒋介石（左）与胡宗南（右）

自 1949 年 4 月解放军横渡长江攻占南京，国民党阵营已是一片慌乱。此时人民解放军第一野战军也已挥师南下，发起春季攻势，迅速夺取渭北各县，形成对西安的半包围态势。面对这种局势，国民党西安绥靖公署主任胡宗南，曾经不可一世的“西北王”，陷入了进退两难的焦虑之中：放弃自己苦心经营多年的西安，实在于心不甘；坚守下去，又恐被解放军聚而歼之。最终迫使胡宗南忍痛撤出西安的却是一个偶然因素。1949 年 5 月中旬，国民党空军侦察报告：共军华北兵团正在抢渡黄河入陕。其实，渡河的只是北平和平解放后接受改编的起义部队两个师。胡宗南闻讯大惊，紧急决定将所部主力六个军撤至宝鸡地区布防；将留守西安的任务交给十七军军长杨德亮，令其凭城坚守，等待主力反攻。5 月 17 日凌晨，又在六谷庄绥靖公署招待所召集陕西

欢迎解放军进入西安

党政军各部门首脑及部分社会名流，举行紧急疏散会议。胡宗南根本不会料到，这次会议的详细情况，仅仅几个小时后便被一野司令部所掌握。当晚，人民解放军第一野战军副司令员张宗逊紧急调整部署，决定以野战军主力向西截击撤退之敌，同时以第一野战军第六军攻占西安。5 月 18 日晚，人民解放军第一野战军第六军急行军百余里，解放咸阳，兵临渭河。罗元发军长当机立断，强攻渡过渭河。黎明时分，第六军分路追击残敌，直逼西安城下。这时，西安中共秘密组织先后派出王超北、伍生荣、连承先、任书田、赵和民等分头同各路攻城部队取得联系，两条战线的战友终于在这胜利的时刻会合在一起了。西安遂为解放军所控制。

同时，在城内中共组织策划下，国民党西工团管区司令王子伟率部保护财产，维持治安；西安民众自卫总队专职总队长闵继骞率部起义，接收了城防。

胡宗南在撤离西安时，曾拟定一个破坏西安工业的计划。5 月 20 日上午，当解放军兵临城下时，国民党第十七军军长兼西安警备司令杨德亮便派出工兵爆破队到各重要工厂实施破坏。在西安发电厂，正当中共秘密党员组织工人护厂队与敌军工兵排相持不下、情况危急之际，奉令保护电厂的解放军第六军四十九团二营跑步赶到，全歼敌军工兵排，缴获大量炸药，电厂得以保护。在陇海铁路局西安机车厂，中共秘密党员领导的护厂工人蜂拥而来，将爆破队团团包围，齐声谴责说：“我们有准备，你们破坏不了！”迫使敌兵退去。在大华纱厂，由于工人们尽力保护，爆破队仅把锅炉炸坏，电机等重要机器完好无损。在中南火柴厂，工人智斗匪徒，欺骗他们说：“我们厂没有锅炉。”他们不信，在厂内四处寻找。这时厂内工人齐声高喊：“解放军进城了!”敌军一听，

解放军进入西安，市民涌向街头鼓掌欢迎

立刻惊惶万状，爬上汽车便逃走了！到20日中午，西安的国民党守军，有的被歼灭，有的缴械投降，有的投诚，杨德亮则率残部逃入秦岭。具有讽刺意味的是，当日出版的《西京日报》竟然还登载着他“死守西安与共军周旋到底”的报道。

西安，这座西北重镇、千年古都，就此完整地回到了人民的手中。5月22日上午，人民解放军第一野战军第六军举行了隆重的入城式，古都西安成为一片欢腾的海洋。千年古都的历史，从此翻开了新的一页。

·知识链接

课程链接

部编版《中国历史（八年级）》上册《人民解放战争的胜利》

课外拓展

观看电影《智取华山》《大进军——解放大西北》，阅读《解放战争》（王树增著）。

事件回放

看不见的战场

1949 年 5 月 20 日，西安解放，解放军坦克部队通过西北公署门前

在西北野战军大军南下的同时，在西安城内另一条看不见的战线上，一场复杂而惊险的战斗正在进行。中共西安秘密组织在西安工委负责人韩夏存、崔一民、朱子彤、吴柏畅及负责情报工作的王超北等人领导下，全力以赴地投入迎接解放的紧张工作中。

胡宗南在逃离前，曾拟定一个包括陕西地方各方面名流如张凤翙、高桂滋、寇遐、武伯纶等人在内的名单，想强迫他们随国民党一起南逃。中共秘密组织获悉后，对这些人做了大量的争取掩护工作，赵寿山将军也派人到西安给他们做工作。因此，在胡宗南召开的六谷庄紧急疏散会议上，这些人提出各种理由不走。对那些坚决不走的进步人士，胡宗南还拟定黑名单，准备予以逮捕。这批人在中共秘密党员的帮助下隐藏起来，迎接解放，参加了新生的人民政权。

在陕西高等院校的“迁校”与“反迁校”斗争中，胡宗南也败在中共秘密组织手中。5 月中旬，陕西省主席董钊强迫各大专院校随军南逃。他们还将军队开进学校，甚至以停止学生伙食相威胁，逼迫师生就范。在西北大学，军人和特务布满校园，公开监视学生的活动。在一片恐怖气氛中，中共秘密党员巧妙地组织学生在“民主墙”上发表文章，据理力争反对迁校。同时进行了细致深入的宣传，争取大多数学生站到反迁校方面来。地下党发动学生分散隐蔽，以防当局派兵强拉学生。最终，胡宗南逃离西安时，仅带走百余人，绝大多数师生仍留下来迎接解放。这一斗争的胜利，保证了西安成为新中国教育重镇的地位。中共秘密组织在收集蒋军情报，策动地方武装及“军统”“中统”特务起义，以及组织工人护厂等方面，也卓有成效。尤其是王超北等人，利用政府官员的合法身份，在胡宗南组织西安民众自卫总队时，设法安插了一批中共秘密人员，并争取了副总队长闵继骞，控制自卫总队的指挥权。这对于后来接应解放军入城，顺利接管城市，使古城免遭破坏起了重大的作用。

名物疏解

扶眉战役

全称为扶风、眉县战役，发生于 1949 年 7 月，是解放战争期间继辽沈、淮海、平津三大战役之后，中国人民解放军第一野战军在西北战场上与国民党军队进行的一场战略决战。1949 年 7 月 11 日，在彭德怀指挥下，第一野战军采用“牵马打胡”的战术，在扶风、眉县一带将胡宗南 4 个军 9 个师 4.3 万余人歼灭，残部退入秦岭。解放军解放了宝鸡、凤翔等 8 座县城。这场战役完全解放了陕西关中，也为解放大西北和大西南奠定了基础。

人物档案

王超北

王超北（1903 年—1985 年），陕西省渭南市澄城县呼家庄（现澄城县庄头乡永内村）人。1924 年参加革命，1925 年加入共产党，主要从事秘密战线的情报工作，任中共西安情报处处长。1937 年抗日战争全面爆发后，组织调王超北到八路军驻南京办事处工作，后又转到武汉、重庆、西安八路军办事处工作。解放战争时期，在宜瓦战役、西府战役、荔北战役等战役中，特别在宜瓦战役前后，王超北通过各种渠道，及时向党中央提供

王超北

了大量关于胡宗南部队的政治军事重要情报，对取得战争的胜利起了很大的作用。中华人民共和国成立后，曾任西安市公安局局长、中国五金矿产进出口总公司副总经理等职。

基地链接

西安烈士陵园

西安烈士陵园位于西安市城南东仪路 141 号，始建于 1952 年 3 月，是陕西省兴建较早、规模最大的一座烈士陵园。陵园纪念馆内陈列着从辛亥革命到社会主义建设时期的陕西革命史及 3000 余位英烈的事迹和英名录，包括大革命时期英勇就义的革命志士王德安等“九烈士”；抗战时期的民族英雄刘桂五、宣侠父；解放战争中的著名爱国民主人士杜斌丞、战斗英雄秦富德；抗美援朝中的“八勇士”之一侯天佑，社会主义建设时期雷锋式的大学生张华等 786 名烈士。纪念馆内的布置以中国革命为线索，采用编年体和纪事体相结合的形式，在简要介绍革命史的过程中，分时期重点介绍革命烈士生平事迹，同时辅助陈列一些为介绍烈士而创作的中国画、油画、铜浮雕、壁画等艺术品。整个陈列既有现代气息，又突出了陕西的历史文化特色。

西安烈士陵园

西安烈士陵园纪念碑

探究思考

1. 第一野战军在解放战争中发动了哪几次重大战役？

2. 从 1931 年九一八事变开始到 1949 年抗战胜利，抗日战争历时 14 年才取得了胜利，而解放战争仅用 3 年时间就取得了胜利，这是为什么？

□ 附录　陕西革命纪念馆、博物馆名单

陕西革命文物类型丰富，涵盖了中共中央、中共中央西北局、陕甘宁边区政府机构、重要会议旧址，中央领导及西北革命根据地领导人旧居，文化、教育、金融、医疗、宗教、工业、外交等机构旧址，国际友人旧居、战场遗址、烈士陵园、碑刻标语、国共合作抗战旧址等各种类型。陕西省在长期的革命斗争中形成了以延安为中心的革命旧址群，以汉中为中心的川陕根据地旧址群，以西安和铜川为中心的关中革命旧址群的分布格局。

根据2019年统计，陕西省有51处各类革命纪念馆、博物馆，名单如下：

西安　西安事变纪念馆
八路军西安办事处纪念馆
葛牌镇区苏维埃政府纪念馆
西安毛泽东敬览馆
汪锋故居纪念馆
西安市曲江红色记忆博物馆

宝鸡　凤县革命纪念馆
宝天铁路英烈纪念馆
扶眉战役纪念馆

咸阳　“二八”革命暴动纪念馆
安吴青年训练班纪念馆
爷台山战役纪念馆
马栏革命纪念馆

红色记忆博物馆

铜川　陕甘边革命根据地照金纪念馆

陈家坡会议纪念馆

渭南　渭华起义纪念馆

杨震廉政博物馆

李仪祉纪念馆

杨虎城将军纪念馆

习仲勋纪念馆

延安　延安革命纪念馆

陕甘宁边区银行纪念馆

延安南区合作社纪念馆

洛川会议纪念馆

吴起革命纪念馆

瓦窑堡革命旧址纪念馆

保安革命旧址纪念馆

吴起中央红军长征胜利纪念园

延长县红军东征纪念馆

中央军委二局县纪念馆

中共中央西北局纪念馆

延安枣园革命旧址

延安杨家岭革命旧址

延安凤凰山革命旧址

抗大纪念馆

延安新闻纪念馆

子长革命烈士纪念馆

宜川县第二战区司令长官部秋林旧址

延安北京知青博物馆

延安南泥湾革命旧址

陕甘宁边区革命英烈纪念馆

王家坪革命旧址

榆林 佳县神泉堡革命纪念馆

米脂县杨家沟革命纪念馆

绥德县革命历史纪念馆

神府革命纪念馆

府谷县红色文化博物馆

汉中 川陕革命根据地纪念馆

镇巴县博物馆

安康 旬阳县红军纪念馆

参考文献

[1] 曾宪林，曾成贵，江峡. 北伐战争史［M］. 成都：四川人民出版社，1991.

[2] 张岂之，史念海，郭琦. 陕西通史：民国卷［M］. 西安：陕西师范大学出版社，1997.

[3] 王建军. 话说陕西：民国卷［M］. 西安：西北大学出版社，2009.

[4] 陕西省地方志编纂委员会. 陕西省志：人物志［M］. 西安：三秦出版社，1998.

[5] 政协陕西省委员会文史资料研究委员会. 陕西文史资料选辑：第七辑［M］. 西安：陕西人民出版社，1980.

[6] 孙照海. 陕甘宁边区见闻史料汇编（全三册）［M］. 北京：国家图书馆出版社，2010.

[7] 任学岭. 陕甘革命根据地史［M］. 北京：人民出版社，2013.

[8] 刘秉荣. 中国工农红军全传［M］. 北京：人民出版社，2007.

[9] 任文. 红色延安口述·历史：延安时期的大事件［M］. 西安：陕西师范大学出版社，2014.

[10] 任文. 红色延安口述·历史：陕北闹红［M］. 西安：陕西师范大学出版社，2014.

[11] 刘卫平. 红色延安口述·历史：转战陕北［M］. 西安：陕西师范大学出版社，2014.

[12] 中共陕西省委党史研究室. 陕西抗战人物纪事［M］. 西安：陕西人民出版社，2015.

[13] 中共中央党史研究室第一研究部. 中国共产党第七次全国代表大会研究［M］. 上海：上海人民出版社，2006.

[14] 中共陕西省委党史研究室. 中国共产党陕西历史图志（1921—1949）［M］. 西安：陕西人民出版社，2018.

后 记

研学实践教育是教育部按照国务院将研学纳入中小学常规教育要求实施的创举，是当代的一场教育革命，是构建德育框架的重要举措。

西安市是教育部确定的首批研学试点城市之一，经过 5 年的探索与实践，总结出研学西安经验，在全国得以推广。西安市在陕西省教育厅的指导下，自承担全国中小学生研学实践教育营地重点支持项目任务以来，立足陕西地域特色，聚焦优秀传统文化、丝路文化、红色革命文化、秦岭文化、科技创新等具有代表性的文化资源，凝心聚力，不断尝试，将丰富的文化资源转化为研学实践教育课程资源。

2020 年，经历了疫情的考验，在肖云儒老先生的带领下，在诸多教育界同仁的精心打磨下，这套读本终于问世了，展现了陕西教育人的一份赤诚、一份担当。

在这里，我们要感谢参与编写的所有著作者，感谢为此出谋献策的专家学者，感谢为此做出贡献的社会各界朋友，感谢为此付出辛苦劳动的每一位编辑。

在此，我们唯愿这套读本的书香能飘满八百里秦川，弥漫祖国大地。这是我们的心声，也是全体研学实践教育营地工作者的心声。

《研学·中国（陕西）》编委会

2020 年 10 月